U0925672

KARMIC MANAGEMENT

业力管理

善用业力法则　创造富足人生

WHAT GOES AROUND
COMES AROUND IN YOUR BUSINESS
AND YOUR LIFE

（美）麦克·罗奇格西　克丽丝蒂·麦克奈丽　迈克尔·郭尔登　著
田多多　夏理扬◎等译

華文出版社

作 者

（美）麦克·罗奇格西　克丽丝蒂·麦克奈丽　迈克尔·郭尔登

翻 译

（按姓氏笔划排序）

Ma ja-Stina Wang 王玛雅（瑞典）、田多多、刘阳、池汔、谷京盛

张晓艳、李萍、邵嘉蓓、金毅、周燕燕、姚矢毅、施於凡、夏理杨

校 对

田多多、夏理杨

目 录

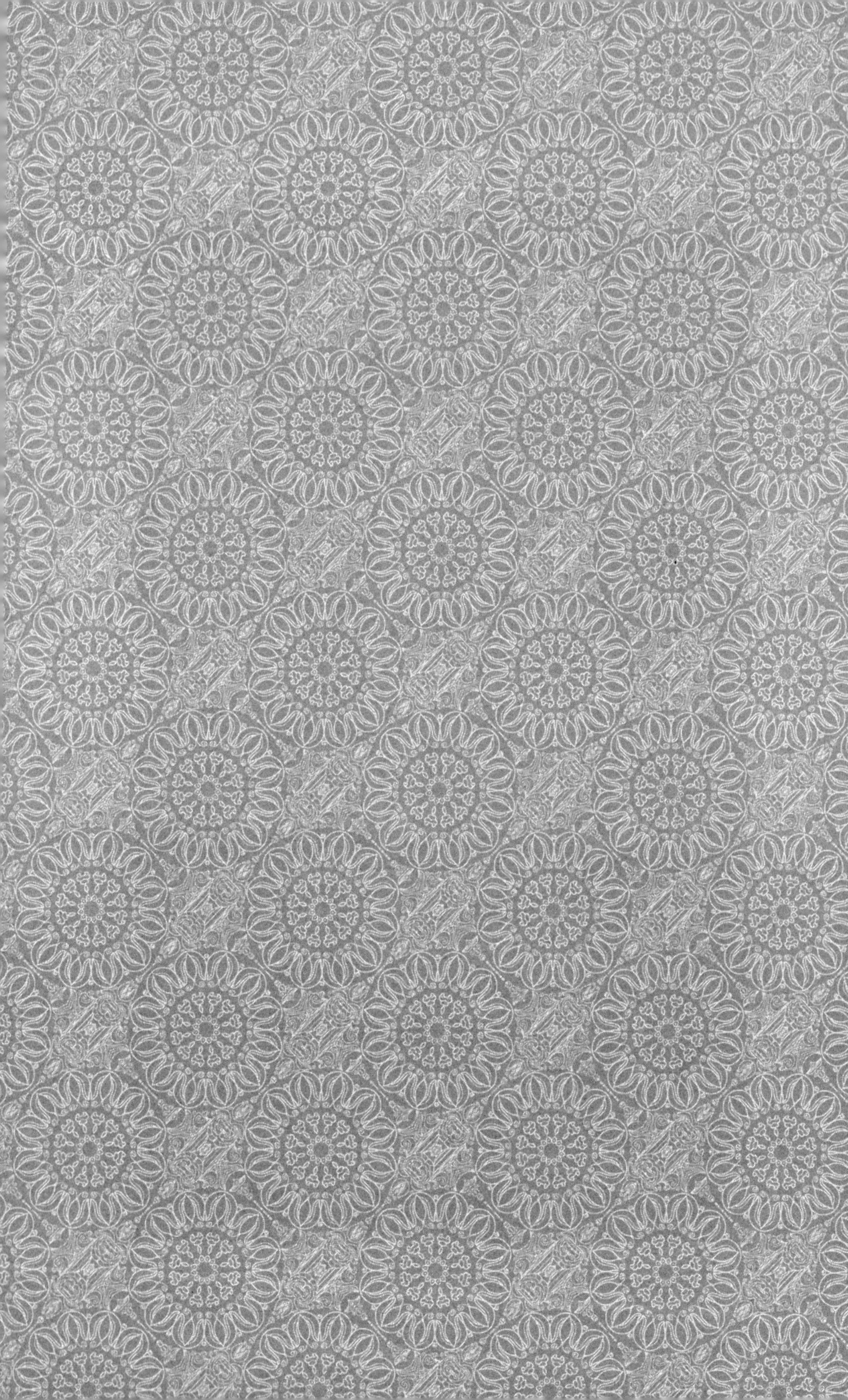

SUCCESS，CERTAIN

成功百分百

《业力管理》是广大读者期待已久的《当和尚遇到钻石》的续篇。《当和尚遇到钻石》作为全球最畅销的商业书籍之一，已被译成十五种以上文字，书中的道理被全球范围内上百万人所运用。《当和尚遇到钻石》讲述的是一家企业的成长故事，该企业是纽约历史上最成功的企业之一。而现在,《业力管理》将告诉你如何亲自实现这样的成功。这本书里所讲述的法则来自古老而又前沿的智慧，已经为许多人所用——

琳达·卡普兰·泰勒（Linda Kaplan Thaler），创立了一家如今身价数十亿的广告公司，并且是畅销商业书《善意的力量》（The Power of Nice）的作者——“我们企业的成功很大程度上归功于《当和尚遇到钻石》中所提倡的信念：通过确保他人的成功，我们在自己的意识里种下了确保自己成功的铭印。”

吉尔·默尔菲（Jill Murphy）是一位在伊拉克服役的美军护士——“我确信，《当和尚遇到钻石》的法则已经在我们的部队发挥出了效用，这个实例是可以终止这场战争和未来所有战争的模板：我们发现对他人的尊重大大地减少了暴力。”

威廉·麦可麦克尔（William McMichael）是一位美国航空公司飞行员——“过去，驾驶舱是个令我紧张的地方……后来我读了《当和尚遇到钻石》，运用它来消除我对同事的成见。现在我的工作环境变得愉快多了。

琳赛·克罗丝（Lindsay Crouse）是奥斯卡奖提名女演员——“我买下这本书，然后去了一家咖啡馆一口气把它读完……现在我给演员上表演课的时候也融入了这种古老的东方智慧。我领会了提携他人的事业会成就我自己的事业。”

穆罕默德·萨拉姆（Muhammad Salam）是AC证券

（Alliance Capital）的副总裁，——“《当和尚遇到钻石》帮我更清楚地认识到我对于穷人的慷慨是如何造就我自己在金融市场上的成功的。”

拉塞尔·西蒙斯（Russell Simmons）是嘻哈运动的发起人，身价3.2亿美元，他是“钻石哲学”大师——“我让世界上的很多人变得富有。我通过帮助别人赚钱来为自己赚钱。我通过使别人富有而变得富有。”

伊娃·纳谭娅（Eva Natanya）是一位资深神学家，她还是伦敦皇家芭蕾舞团的舞者——“我清楚地记得第一次与《当和尚遇到钻石》的相遇。一读完这本书，我就意识到我永远不可能再用以前的方式来看待世界了；对于世界运作的方式，我获得了一种无与伦比的认识。当我处在低潮的时候，我就通过帮助有困难的舞者伙伴们来度过自己的低潮期。”

巴尔尼·琼斯（Barney Jones）是本特力系统有限公司（Bentley Systems）的石油工业主管——“以前同事们老不把我说的话和提的建议当回事儿。一个朋友介绍我读了《当和尚遇到钻石》后，我遵从了其中的建议，避免在人前搬弄是非，现在我发现我说话管用多了。”

现在你就来亲自看看《业力管理》能够如何帮助你吧！

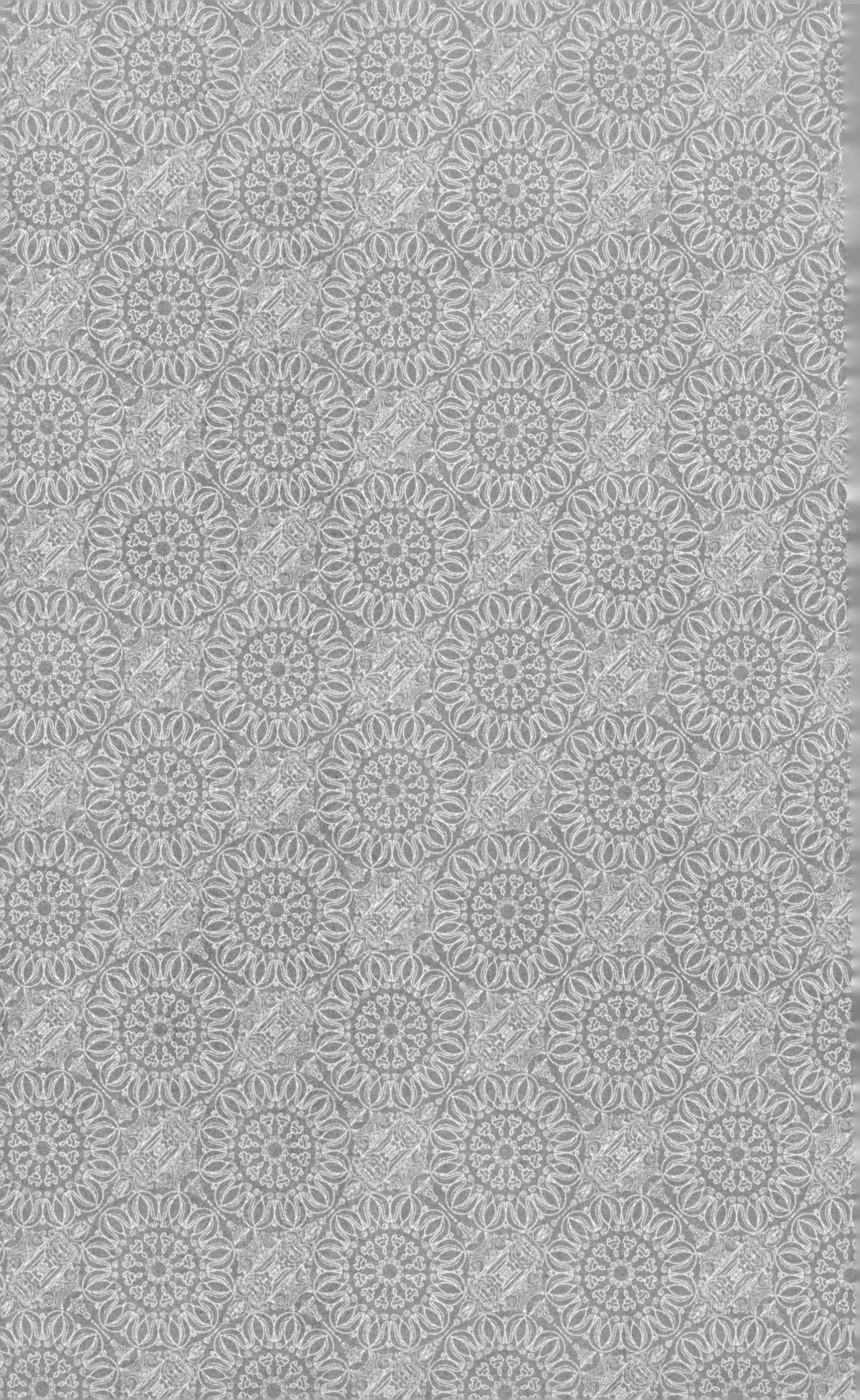

THE FACTORY, THE UNIVERSITY, AND THE HAIR SALON

工厂、大学和发廊

老板成立了一个十二人的项目小组，并且任命你为项目经理。任务是：从今天起的六个月内要完成十万件新产品的销售。

也许你的爱人决定重新装修厨房，限你在一个月内搞定。

也许你给自己布置了一个任务：下周一前要减重五磅。

这十万件商品可能是书，可能是比萨饼，也可能是网络软件——这些都无关紧要。关键在于有一个特定的项目或是任务必须在指定期限内完成，而你的责任就是确保它按时完成。

面对现实吧，生活就是由一长串的工作组成的。我们需要一种方法来做好工作；我们需要一个百试百灵的成功秘诀。财富的成功，当然——那正是我们所关心的。但与此同时，我们要做一个成功的人：一个好人，一个真正快乐的人，一个身心健康的人。而且，如果我们把事情做好，我们也就帮助了他人，帮助了全世界——这一切都是同时发生的。

这本小书将教你一种完成任务和项目的全新方式。这种方式你从来没有听说过，但它确实有效——屡试不爽。试试吧。

你需要投入的不过是一个小时的时间。我们相信，如果某种理念是正确的，那么三言两语就能说明白——之后就看你自己的了。

我们将逐一为你介绍“业力管理”的八条法则，向你证明在事业和生活中“种瓜得瓜，种豆得豆”的道理。每条法则都会以古老智慧经典中的一句引语开篇。这些经典正是“业力管理”理念的本源。尽管它们来自许多不同的地方，但最后都来到了亚洲，并且在数千年的时间里帮助亚洲形成其无价的智慧和文化。“业力管理”正是一种经历了数千年时间考验的全新的革命性从商之道。

你将读到的第一句金玉良言出自公元 6 世纪的佛门圣哲月称大师（Chandra Kirti）：

古老的智慧

“所有事物的成功几率都是百分之百”

下面我们要来解释这句引语将如何帮助你按时售出 10 万份比萨饼，并且让你成为公司的明星（或是家中的明星，这有时候更难）。

我们认为一本教人成功的书应当由那些已经获得成功的人来写。所以你会不时地读到像下面这样的小单元，讲述我们自己是如何运用某条“业力管理”法则来达到目标的真实故事。

真实的故事

克丽丝蒂：

从第一天在纽约亚洲经典学院（Asian Classics Institute）学习开始，我就接受了“业力管理”八条法则的训练。我的梦想是创办一所新型大学，一所能够真正改变世界的大学。“业力管理”让我梦想成真。

刚开始的时候，我们没有一分钱，而现在我们的钻石山大学（Diamond Mountain University）已经拔地而起，在亚利桑那州南部山脚下一千英亩的美丽土地上运营着。我们有数百名来自世界五大洲的学生在校学习，还有成千上万的国内外人士参加过我们的校外课程。“业力管理”真的让我梦想成真，而我这个年纪，大部分人才刚刚读完研究生呢。

迈克尔·郭尔登:

我的经历与克丽丝蒂大师截然不同。我之前从未听说过“业力管理”。我的梦想是在人生地不熟的纽约,白手起家,创建一家高级美发沙龙。同行们把这种梦想称作“不可能完成的任务”。但是在过去的三十年里,我所创立的企业——Bumble & Bumble——已经成长为全球最大最成功的美发及美发用品公司之一,年营业额超过五千万美元。

学习了“业力管理”之后,我再回顾自己的创业历程,我发现“业力管理”正是我一直以来坚持的原则,正是它使我们如此成功。对我而言,“业力管理”一直都是一种自然的直觉:我就觉得应该这样做。所以现在看到“业力管理”的八条法则被写成了书,可以和他人分享,帮他们获得成功,我感到十分兴奋。

麦克格西:

我的经历介于克丽丝蒂大师和麦克·郭尔登之间。我曾在寺庙里修习多年,学的正是那些作为“业力管理”源头的不同古老智慧经典。但是没有人真正坐下来告诉我们如何把这种古老的智慧运用到家庭和工作中的日常任务和项目里。这得靠我们自己领悟。对我而言，那是个不断摸索的过程，但是最终我弄明白了。作为安鼎国际钻石（Andin International Diamonds）的创办者之一，我运用“业力管理”使这家制造企业的年销售额从零增长到一亿美元。

最后，你会看到另一个单元，这里会给你布置一个特别任务。如果你希望“业力管理”对你起效，你就必须独自完成这个任务。我们可以告诉你要获得成功所应当做的事情是什么，但是认真地执行这些“待办事项”就是你自己的事儿了。下面举个例子。

你的待办事项

不要只是笼统地抱着“我要成功”的想法就拿起这本书，草草地通读一遍。现在，在我们进一步深入之前，你要选择一个特定的任务或是项目作为测试“业力管理”的试金石。如果有效，那么你就在《业力管理》中找到了终生之友，你就可以进一步把它运用在一切你想要完成的大大小小的任务中。

现在我们从“静坐”开始——这可以算是我们后面会谈到的正式冥想的热身。走出家门，找一个你觉得可以放松的地方，一个能让自己不受干扰地坐下思考的地方。可以是附近公园里的某张长椅，临街咖啡馆里的某张桌子，或是你喜欢信步其中的某个街区。

带上一本袖珍笔记本和一支笔。内心保持平静。然后问自己：此时此刻在我的生活中，我真正想要完成的任务或项目是什么？我想什么时候完成它？如果这个任务成功了，那究竟会是一副什么样的景象呢？

在你一头扎进《业力管理》之前，你必须在脑子里把这些都理得清清楚楚。我们会告诉你如何像我们一样实现自己的梦想，但梦想的部分得由你自己来做。

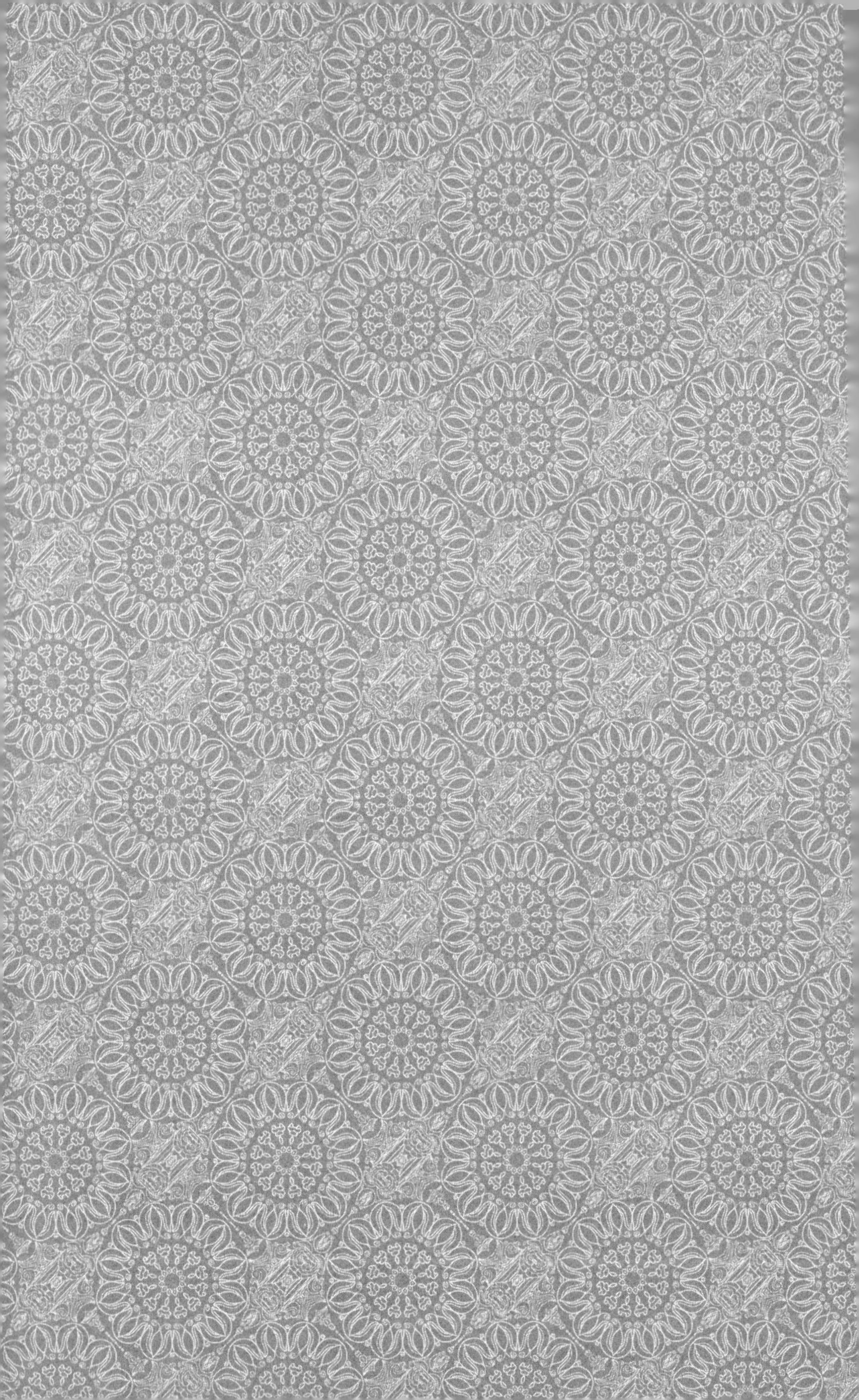

KM Rule #1

STOP DOING THINGS THAT DON'T WORK

“业力管理”法则一

停止无用功

古·老·的·智·慧

"一切失败皆源于曲解。"

——《生命之轮》（The Wheel of Life，公元前500年）

碰运气

我们曾想过要把这个章节命名为“五万年的徒劳”。据估计，人类在这个地球上开展有组织的活动已经有五万年的光景。人们试图协力完成各种工作或者项目：拖来巨大的石块建造金字塔，或是创作并供应十万套软件。

不计其数的工作，无论大小，都靠人工完成。不计其数的交易：你帮我搬块石头，我给你一穗玉米。每一个行动都是为了完成某件事情。

但这一切却都是失败的，无一例外。

这怎么说？金字塔依然屹立着，计算机也还在运行着软件啊。

但你仔细看看。无论是谁，只要是帮着开创过公司的，都会告诉你：新开的公司当中十有八九不到三年就会关门或濒临倒闭。可以很有把握地说，如果《生命之轮》里的话是正确的，那么几乎没有人明白该如何完成一项任务。

可是我们怎么看待那些成功的案例呢？比如谷歌、微软和沃尔玛？

哈，这下就说到有趣的了。我们必须得给“成功”下个定义。当你在某件事上“成功”了，那到底是什么意思？我们会说，“成功”就是当你接受的某个工作或者项目因为你做事的方式，最终按照你预想的方式做成了。这就把我们引向了“几率”了。

我们这些地球人是一个奇怪的种族——在过去的五万年里一直都是。经历了如此漫长的岁月之后，我们还是没怎么弄明白事物运作的原因。

今天你的车会在你要去上班的时候顺利发动么？如果你对自己够坦诚——而且根据“业力管理”法则一，你必须对自己坦诚——那么你的回答必然是：“我觉得它会。”因为你知道你不能说“我知道它会。”即使你的车昨天晚上熄火的时候还是好好的，凭过去的经验，你知道你不敢打包票说它第二天早上一定能发动。

于是我们就碰运气。我们的一生就是一场几率游戏。我今天去上班的时候，有那么百分之几的几率我会死于交通事故。即使我活着到了公司，还是有一定的几率会被炒鱿鱼。而且无论我今天工作的时候做了什么决策，依然有一定的概率让其中的一部分就是成功不了。

所以，五万年以来，我们真是个可悲的种族。大公司对“成功”的定义往往不是事情如期完成，而是我们能有多“随机应变”：当事情没有按照预期发展，我们能在多短的时间内调转船头。我们认为，智者就是懂得世事不会永远都如愿以偿的人。世事就是如此，不管对谁。

五万年的经验证明了一点：我们还是不知道如何让事

情发生——我们还是不知道事情为什么会发生——因为如果我们知道了，世界上就不会有失败了。少数的成功者会告诉我们如何次次成功——但是其实他们也在碰运气。连他们都不能确保自己的车明天一早能发动得起来，或是自己的下一个重大的商业决策不会葬送自己的事业。不管是成功还是失败，我们依然不过是在满怀憧憬地碰运气。

碰运气的个人代价

于是我们所采取的每个行动都是在碰运气。“根据我最佳的判断”，这么做最有可能让我达到目标。而我心里明白，还是有失败的风险：有一定失败的几率。

这算什么生活啊。我们谈的不仅是小事情——重新装修厨房，或是因为车子不能发动搞得上班迟到半小时。我们说的是我们一生的众多决定，最后将决定我们的生死。一辈子碰运气的生活最后会让我们每个人付出代价。我们明知无法预知后事，明知我们所做的不过是希望能够成功，却还要面对一个接着一个的人生抉择，这时我们每个人的内心都将承受极大的痛苦。

现在就想象一下：这个碰运气的游戏根本就是多余的，这是我们从生命的初期就已经陷入的一场悲剧，可是后来我们想办法把它搞定了。现在我的意识是自由的。这个世界有多少不快乐——我们有多少用在思考上的时间——被浪费在担心我们做的事情是否能成功上了？要是我们确定它会成功，那会怎样呢？

这就是“业力管理”的承诺。

碰运气的社会成本

成天挣扎着做决定，却不知道哪一个会成功，这样做人太苦了——老是在碰运气。但是想象一下这样的世界：六十亿人，没有人知道该做什么，却依然试图合作。每天成百次地互相说：“虽然我不知道那件事情是否能成，但是如果你愿意帮我，那么作为回报，我就帮你做这件事，虽然我也同样没把握。”我们只不过在让彼此做好准备，面对生活中所有的失望。

令人惊讶的是，我们竟然已经习惯于生活在这片不确定的海洋之中。我们只是静静地承受着，像骡子一样在它的车轭下受苦，步履蹒跚地一路跋涉，直到我们死去。我们永远都生活在不确定中，永远只能“尽人事，听天命”。

这算是什么生活啊？古老的经典中说，有一种情况可以让一个犯人决不越狱。那就是，如果他从一开始就没有意识到自己在牢狱里。我们的牢狱就是对所做的事情是否能成功的不确定。让我们一起打破牢笼吧！

你的待办事项清单

★ 到你日常习惯的地方去静坐。或者换个能让你的意识更清醒的地方去静坐。

★ 拿出袖珍笔记本和笔，写下本周要完成的五件事。

★ 在每件事旁边，写下你能按预想完成它的几率，如：

星期三之前写完本章节。成功几率：70%。

★ 思考一下：这些几率和不确定性给你的生活带来多大的压力。然后回去把所有的成功几率全部改成“100%”。带着这种感觉坐一会儿，感觉一下有什么不同。

真实的故事

克丽丝蒂：

我在家乡洛杉矶上了很好的大学预科学校。我很喜欢上学，学习和运动都表现出色。我去纽约上大学的时候真的很兴奋，有滋有味地咬了一口这个“大苹果”（纽约市的别称）。四年后我拿到了学位，准备接着上研究生院，前途一片大好。我想成为一个教授，教教英语文学之类的。

在那时我突然发现，这些根本就没有用。我想说的是，学校应该是帮助我们为生活做好准备的地方——让我们在生活中更成功、更快乐。但是我却明显感到有些事情很不对头。有些人在学校表现很好，毕业后也一路顺风顺水；有些人学得很好，毕业后却处处碰壁；有些人中途辍学，找到了快乐；有些人辍了学，却从此走了下坡路。成功与否与有没有完成学业本身似乎没有很大的关联。

于是，在我快要上研究生院的时候，我做了个惊人的决定——这是我永远都会为之快乐的决定。我没去上学，而是踏上了一次环球旅程——埃及、泰国、澳大利亚——只要你能说得上来的地方，我几乎都去过了，为的就是寻找更好的出路。

最后我在尼泊尔首都加德满都山上的一个小寺院里安顿了下来，在那里学习和冥想。正是这次经历，把我引向了“业力管理”，也正是它使我们的大学兴办成功。

这个故事的要旨是，有时候你必须承认，你在做的事情是无用功——即使你已经做了很久，即使你觉得很舒服，即使大家都知道这是无用功，却仍然坚持这样做。

有时候我们必须得鼓起勇气，跳出那个圈子。

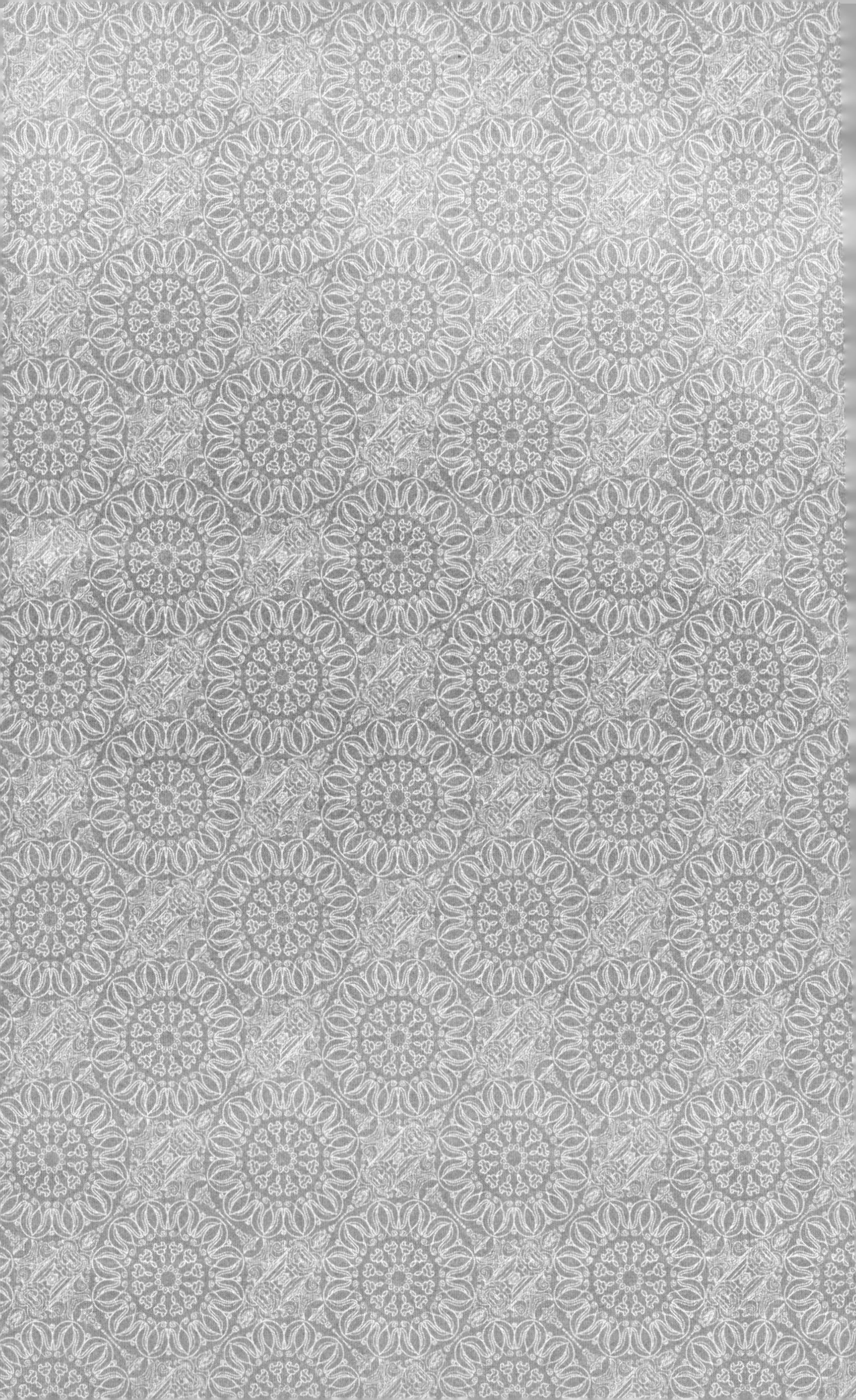

KM Rule #2

FIND THE CAUSE OF THE CAUSES

“业力管理”法则二

找到原因背后的原因

古·老·的·智·慧

“彼起，故此起。”

——佛陀（公元前500年）

真正的原因

我们来回顾一下之前的内容。一言蔽之：

如果你做出的某种尝试，
每次都使你无功而返，
那么它就是徒劳的，
停止无用功！

那我们该怎么做呢？你早上走出家门，转动车钥匙，车却没发动的时候，去探究一下原因背后的原因吧。对一辆车来说，这就是打开引擎盖，看看电池有没有问题。

你看，生命就如同一辆汽车。佛陀说了，科学也证实了，凡事的发生必有前因：

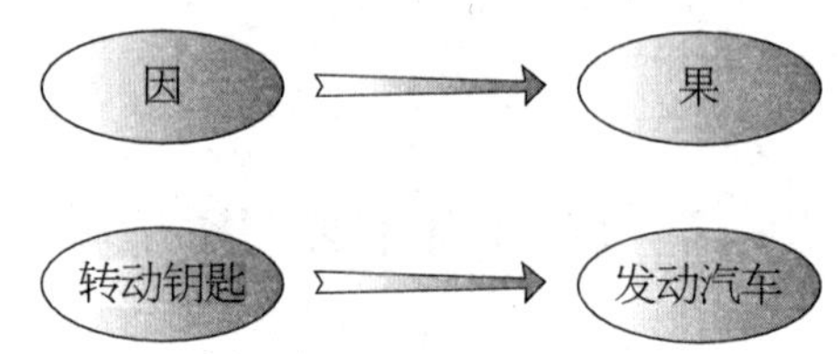

我们往往会这样看待问题：很简单，很二维。我转动钥匙，一秒钟后汽车发动了。或者说，我通过转动钥匙而发动了汽车。钥匙是汽车启动的原因。

只有到了钥匙发动不了汽车的时候，我们才会更进一步，正视第三个维度——钥匙和汽车背后的那个层面，真正的原因的藏身之处。在引擎盖的下面，在我们看不到的地方，电池主导了这一切：

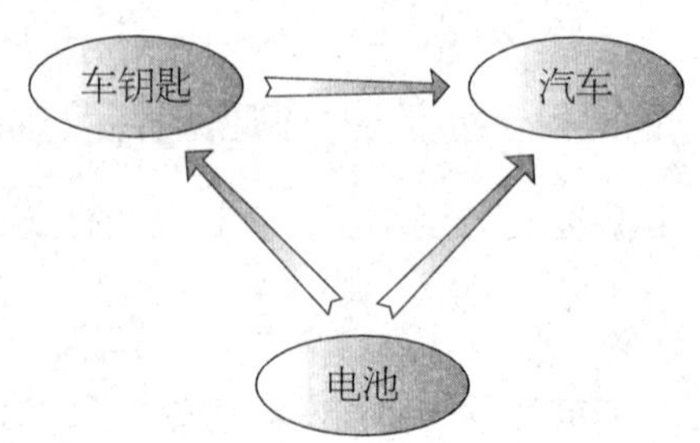

请注意我们刚才提到的“真正的原因”，就是我们说的“原因背后的原因”：钥匙是汽车发动的原因，但是电池却是使钥匙能够发动汽车的真正原因。

“表象”与“真相”

现在我们要做个思维跳跃。钥匙也许不是汽车发动的真正原因，尽管看起来合情合理——想起来也理所当然。

显然，真正发动汽车的是电池。

于是，你就可以在示意图上画条虚线，把三者的关系分成两个层面。一层是“表象”（看似真正的原因）；另一层则是“真相”（真正的原因）：

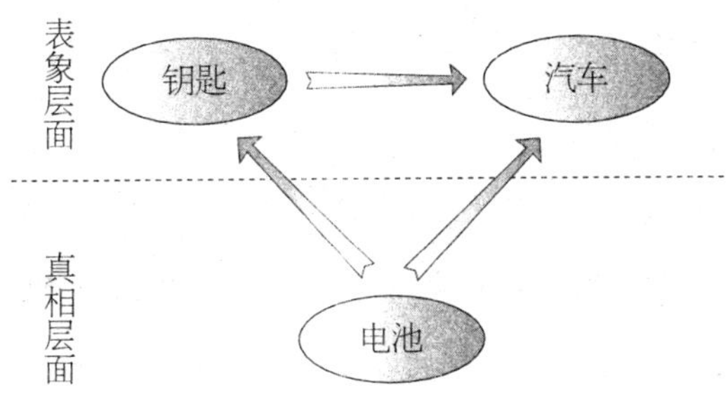

这和我们从来都无法确定尝试什么才会成功有什么关系？让我们回到那十万个——什么来着，冰箱？——你的项目小组必须把它们运走并卖光。哦，对了，你们只剩五个月的时间了。

想知道怎么让这些冰箱统统滞销吗？

继续陷入二维思考，继续被表象所蒙蔽。开始给客户打电话，因为每个人都知道：

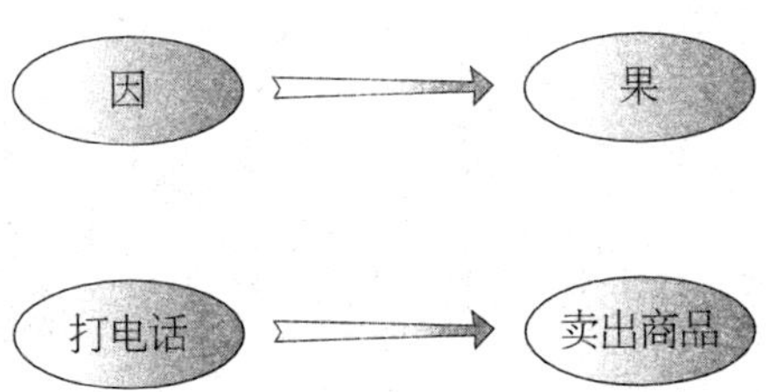

你这么干可能会把自己逼疯。为什么？因为打电话有时能够带来销售，有时却不能。而我们许诺过，我们要停止这种无用功，因为这种方法不是每次都带来成功。这样做太不确定；这样做压力太大；这样做有失败的可能。就像你一遍又一遍地转动钥匙，但引擎却始终毫无动静。

去寻找原因背后的原因吧。那就是“业”，因为种瓜必得瓜，种豆必得豆。

业的运作原理

趁你还没有开始记下你曾听说过的关于“业”的谬误，我们得赶快来说一下什么是“业”。“业”，就是你的所行所思所言。如果你想要一个更顺口的说法，那么就称它为“我做的所有事”。

任何时候，当我们决定要做什么、要说什么甚至仅仅要想什么，我们的意识都会深深地记录下这些活动。这是因为——嗨——当你决定要去做某件事情的时候，你自己听到了这个决定。意识是一个巨大的、超级敏感的硬盘，拥有几乎无限的容量。你的头脑中的某处记录着你的一切所作所为。再微不足道的行为，都会在我们的意识里种下种子：它将触发一股小小的能量，并使其在未来的某天从我们的意识里返回出来，决定我们看待世界的方式。

于是，我们可以绘出下图：

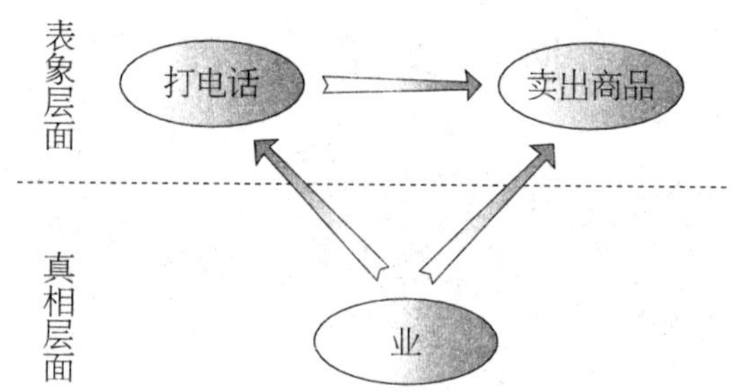

如果一个电话让你收获了一笔销售，那不是因为你打了电话；如果你的钥匙发动了汽车，并非钥匙的功劳。那只是“表象”，只是看起来像是真的。而“真相”——真正发生的事情——是电池发动了汽车，是电池让钥匙发动了汽车。记住了：当你打了个电话，成就了一笔销售的时候，是“业”使这次通话得以发生，并使这次通话成就了这笔销售。

“业”才是“真相”：“业”是一切事物的根源，就像大地母亲承载着世上的万物——它支撑着楼房，让树木生长。“业”是原因背后的原因。现在我们就来让它为你服务吧。

真实的故事

麦克格西：

你可以说安鼎钻石的巨大成功得益于当时世界上发生的三个重大事件。这些都是重大社会变化，是任何人都无法预见的事情，更不用说人为促成了——至少在当时看起来是这样。

首先，大量的美国女性加入了工作。在那之前，大部分的珠宝都是由男人买给女人的，因为赚钱的是男人。一夜之间，数百万妇女有了可以任意支配的收入，可以用来“心血来潮”地买下一个上班时佩戴的小钻戒——而那刚好是我们的专长。

其次，印度突然成了钻石切割的主要中心。在这之前，绝大多数钻石都在美国的纽约、荷兰的阿姆斯特丹或以色列的特拉维夫被切割。突然间，我们公司可以买到价格比较便宜的钻石来制作低克拉的钻戒，大大节省了成本。而且我们的顾客也能因此从我们这里买到更为物美价廉的商品。

最后，中国政府突然放松了国际贸易投资限制，致使我们能够在那里生产工艺相对简单的产品，腾出曼哈顿的工厂生产高端产品。

一天，我们围坐在桌旁，讨论这三个事件怎么会恰好在适当的时候发生，促成我们的成功。有人说："美国妇女造就了我们的成功是说得通的。毕竟，安鼎在纽约是独一无二的，安鼎的女性员工在管理和行政的岗位上，向来和男性员工拥有平等的上岗机会和同等的薪酬待遇。"

"再说印度这件事情，"另一个人说道，"如果你真的相信'业'之类的事情，我觉得还真有点不可思议。安鼎向来都很愿意雇用新近移民美国的印度人。我们的第一个印度员工是孟买来的科宪，接着‘印度风’就刮起来了——那边的亲朋好友都来了。现在光宝石部门就有不下二十个印度人。”

“中国也是，”第三个人说，“我们和唐人街万宝盛华（Chinatown Manpower）合作，为那些新近移民美国的华人提供珠宝制作技术的援助培训，直到他们的英文够水准。”

你几乎可以说，这些就是深层的力量，是我们成功的原因背后的原因——它们从我们脚下升腾而起，改变了全球的商业气候——驱动了我们惊人的利润。

你的待办事项清单

★ 回到静坐中。现在你可能已经发觉自己开始享受独处的安静时光了。叫上一杯热巧克力，拿出你的“业力管理”笔记本，把它放在桌子上。翻开笔记本，凝视其中空白的一页。

★ 在你的意识中，写下你有生以来最成功的三件事。然后看看你是否能记得曾经帮助别人获得类似的成功——即便只是小事——因为在潜意识的土壤里，“业”的种子会逐渐成熟，慢慢长大。

★ 也许当你拿到热巧克力的时候，你已经想到一个犒赏自己的理由了。也许你会开始明白到底做什么才能把十万件商品卖出去。

KM Rule #3
IDENTIFY YOUR KARMIC BUSINESS PARTNERS

“业力管理”法则三

认定你的事“业”伙伴

古·老·的·智·慧

“‘业’的第一定律说：

不论你想得到什么，你必须首先帮助别人获得它。”

——宗喀巴大师（公元 1357—1419 年）

回声效应

你如何才能让“业”为你服务呢?

记得我们说过，“业”就是我们做的所有事情，是我们的一切所做所言甚至是所思。但是现在我们得再补充一点：“‘业’是我们为他人所做的一切。”因为除了极少数的情况以外，“业”只能通过他人的反弹，在我们的意识里种下种子。这就是为什么古老的智慧经典常常将“业”比作回声：如果你站在海边，那就算你喊破喉咙，也不会有回声。要想听到回声，最好是找一个有很多面内壁的山洞。他人就好比是一根棒子，我们用它来把“业”的种子塞进意识的土壤里。

没有他人，就种不下种子；没有种子，就没有成功——于是我们只能回去继续碰运气。我们需要他人。

公 平 合 理

“业”的运作方式——我们只会得到我们给予他人的东西——是“业力管理”的世界观中最令人满意的一点。在内心深处，我们渴望世界的公正。事物的发展不能没有逻辑。成功不只是偶然，生活不只是一张彩票。为他人做了好事的人就应该有好报。

如果这就是事物运作的方式，那就不该有任何例外。不可能有 58% 的成功人士因为“业”——因为曾帮助别人获得成功——而成功，而另外 42% 的成功人士只是运气好。这样的话我们又回到了碰运气上——我们已经厌倦了老是碰运气。

是时候停下来给自己提个醒了。“业力管理”的理念可不是某些指望天上掉馅饼的社会改良家的空想。它是真实可行的，是一种高明的商业策略，能够获得相当的经济回报——而且这种回报总是伴随着个人成就感和快乐。你不只是在对他人做正确的事情，而且你还因此得到回报。“业力管理”的运行方式促使你一直都在让他人也获得成功——使他们感到快乐，也使自己感到快乐，更让所有人为你感到快乐：每个人都快乐，每个人都成功。那么就让我们赶快行动起来吧。

事“业”伙伴

现在我们可以开始学习“业力管理”的第三条法则了：认定我们的事“业”伙伴。事“业”伙伴是“业力管理”的核心。他们是让“种瓜得瓜，种豆得豆”得以实现的人，是他们把你的“业”反弹给你。他们会把“业”种到你的意识里，使它在日后成长为你看得见的成功契机；而那些没有种下这样种子的人就会错过这个契机。

对于你的每一个事“业”伙伴，你都有同样的任务要完成——你必须试图使他们获得成功。牢记这点：全力以赴地使他人获得成功。然后你自己的事业就会成功——你无需忧虑，甚至不用想太多。只要让你所有的事“业”伙伴获得成功，那么那十万个——什么来着，排球？——就会在一周内以公司前所未有的高利润脱手。

那么谁是我的事“业”伙伴呢？有四种人是你的事“业”伙伴，你要让他们全都获得成功：

（1）同事

第一种事“业”伙伴是你的同事和下属。还记得吗，老板给你的项目小组派了十二个人来完成那十万件商品的销售。或许在过去，你会视他们为工具：雇员就是你雇来为你做事的人。

但是在“业力管理”中，我们必须做一些改变。在这里，你将和与你共事的人建立一种新的关系。你必须从你这边向他们发出“业”，你必须保证这个项目使他们获得成功。唯有这样，你才能种下卖出这十万件商品所需的“业”种。因为我们在寻找一个回声：

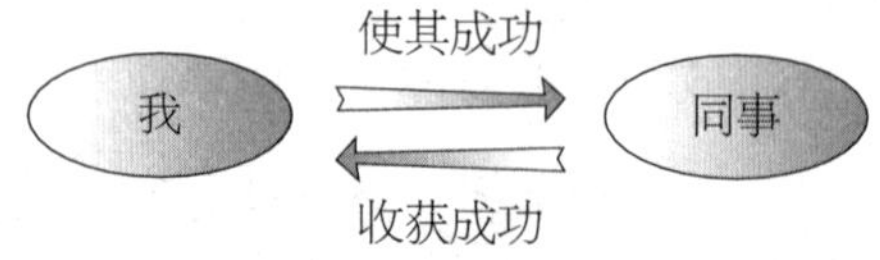

整个运送和销售这十万件商品的过程，必须让团队里的十二个人都成为公司的英雄；而且也必须让他们成为更好、更有能力、更加开心的人。

（2）顾客

显然，任务和项目的目的是为某人提供某些东西：某人可以是顾客，但是从这个意义上来讲，也可以是你的老板，或是公司的投资人。你可能会觉得为顾客做点事情没什么大不了的，你早就知道了，是谁最后吃掉那十万份比萨饼的。

但这不是我们的重点。

想让“业力管理”对你奏效，你就必须 100% 地对这个让你的顾客成功的理念着迷。当你卖光那十万件产品的时候，你老板的老板将会把你的老板视为天才；投资者们在这个项目中将获得额外的利润；而与此同时，你将想方设法使你的顾客能够以更低的单价购买到比萨饼，并降低每份比萨饼的胆固醇含量。

就在刚才，你引发了几道回声？

（3）供应商

如果你觉得你对“雇员”的看法有些不妥，那现在就来看看你是怎样对待供应商的。那是一种单向的关系：他们应该用最低的价格向我提供高质量的面粉和番茄酱，并且分秒不差地准时把货交齐。他们怎样做到这一点或者能从中赚多少钱，都是他们的问题，这就是供应商分内的事。

在“业力管理”中，这种态度也得来个 180 度的转变。任何项目中都有大量的“业”——几乎一切成功和失败——都来自于我们对待那些促使项目成功的人的方式。那也许是为我们制造冰箱电机的公司，或是粉刷厨房的承包商，或是那个为了完成软件的最终代码而工作了通宵的“电脑怪杰”。

你得好好待他们；你得亲力亲为地关照他们；你得多为他们着想并且保证这个项目也能使他们获得成功。“你靠卖冰箱电视从我这儿赚的利润够多吗？”（啊？没人问过我这个问题！）“我为你又找了一个活儿，粉刷隔壁人家的厨房。”“如果你不能向我证明你用电脑的时候每隔九十分钟就休息一会儿，做一些瑜伽的舒展动作，那我就要扣你下个礼拜的工钱了。”

（4）世界

你的最后一个伙伴是个大家伙——整个世界。到目前为止，我们提及的伙伴都只是在我们的生活小圈子里：通常都是和你一起工作的人，都是一些已经和你处境差不多的个人。也就是说，无论你给予他们什么帮助，这些帮助都已经在为你自己服务。于是，这样引起的回声就不怎么壮观——和你对着家里的空壁橱大喊的效果差不多。

我们要走出去，去更广阔的地方，去个远离自我的地方来获得一个像模像样的“业”的回声。想要在这个世界上获得成功，我们就得先让这个世界获得成功。我们的项目得为这个世界做点贡献。

别做那些不切实际的空想；善待他人，以企业的名义向一个牢靠的慈善机构捐赠一笔数额适宜的善款！随手开一千美金的支票给联合劝募协会（United Way），然后却把这件事抛到九霄云外——这样的作为不曾使任何企业获得成功。你要动用你的所有资源——你和整个团队的所有技术能力和创新能力，再加上一笔可观的项目经费——来帮助你的项目之外的另一个项目。帮助某个从事着和你相似的事业并真正需要帮助的人。

刚才说的这些，简而言之，就是如果你帮助邻居家成功地重新装修了厨房，那么你家的厨房改造工程也会获得成功。如果你事先和一个为镇上的贫困家庭免费改造厨房的组织拉上关系，为镇上的人服务，那就更好了。如果你走到办公楼层的另外一端，帮助广告部发出冬装清仓大甩卖的邮政广告，那你的生产部里那十万件泳衣就铁定能够顺利地运出。如果你的团队能够说服管理层生产额外的一万组商品，并把它们捐赠给一个第三世界的企业，帮助他们开创自己的生意，那就更加理想了。

忘掉自己，为他人而做，一切就都能顺利解决。这样做是不是很奇怪？但是说心里话，这难道不是你一直希望看到的世界吗？

真实的故事

迈克尔·郭尔登：

在 Bumble & Bumble，我们从一开始就按照事“业”伙伴的法则行事，同样也只是凭着直觉：我们感觉这样做是对的，而这么做也确实为我们带来了好的结果。

★ 同事

前段时间，我在纽约参加一个活动，一位女士走过来对我说：“嗨，我是罗瑞·巴巴莉娅。我不知道你是不是还记得我，1978 年到 1979 年间我在 Bumble 为你工作过。那时我非常刁蛮，任性又不服管，但是你给了我一次机会。你知道我真正想做的是杂志行业，于是有一天你对我说：‘如果你真的很想做那个，就得去米兰或者巴黎。’说着，你就递给了我买机票的钱。我一直没有机会再见到你，向你表示感谢，我也从未报答你，但我希望你知道，这些我一直都记得。没有一个老板像你这样对待过我。”

★ 顾客

我们开始以每年25%到30%的速度增长，这是前所未有的。我们在曼哈顿的米帕区（Meatpacking District）选择了一幢很棒的大楼——它现在已成为纽约市最前沿的时尚中心之一。我们将这座大楼命名为Bumble之家。后来我马上本能地感到我们的公司正朝着华而不实和高傲的方向发展——虽然我们的顾客身处高级沙龙，但他们却没有从我们这里得到足够的爱。于是我们开了一个公司会议，在一个小时内制定出了帮助顾客的计划。

每个月我们都会寄一些免费的资料来激励和启发我们的顾客：我们谈论美发技术，其中蕴涵的爱，和其他一切关于美发文化的内容。这些材料里没有一个字是要求顾客购买我们的产品，或是推广促销活动的。我们这么做只是为了帮助他们，帮助他们获得成功。

这个想法后来发展成了我们自己的Bumble商业学校。我们向每个与我们有交易往来的美发沙龙（一共有好几千个）邀请三个人，让他们飞往纽约参加为期五天的特别培训，把我们开创事业并使之成功的经验倾囊相授予他们。他们必须离职一周，全身心投入到每天长时间的课程中，学习我们从发型设计到市场营销的每一个环节。这种做法在行业内完全是独一无二的，而我们从中得到的“业”的回声将公司推向了顶峰。

★ 供应商

公司发展到一定的程度后，我们开始生产自己的美发产品。我们从小做起，找了美国中西部的一个小公司来负责产品的生产。公司的老板是两个男人，鲍勃和沃力；我们两家公司之间的合作非常愉快。

突然之间（回声！），我们的销售一飞冲天，并且在八年内成为行业中的领头公司之一。当公司壮大的时候，大多数公司就会开始压榨他们的供应商：“你必须得分一些利润给我”；“我要找别的供应商跟你比价”；“我们现在订你那么多的货，我要压价。”

但是我们没有这么做。我们没有忘记鲍勃和沃力从最开始就为我们做出的辛勤工作，所以我们保证他们在我们刚刚获得的经济成功中获得了全面的合作关系。

★ 世界

我认为我在职业生涯最初所做的一件事情为我今后数十年的成功种下了一颗重要的“业”种。我在英格兰长大，我的家族那时已经在时尚界拥有一席之地。十五岁的时候，我去给梅菲尔的雷诺做学徒，那是伦敦最高档的社区里的一家顶级发型设计沙龙。二十一岁的时候，我前往南非，开始了我自己的生意。

我的第一个员工是一位黑人妇女：她是班图人，名叫伊丽莎白。你得明白，那时候的种族隔离非常严重，并且带有严格的强制性。她被允许进入我的造型工作室，但只能以“女佣”的身份担任清洁工作。

有一天，我看着她，决定要教她如何成为一名造型师。在伦敦最好的沙龙里，也就是我做学徒的地方，学造型总是从学洗头开始的——洗头被认为是非同小可的事情。

于是有一天晚上，在伊丽莎白回家前，我开始帮她洗头，就这样来教她怎样洗头。在我当时身处的那个世界中，这种行为是非法的。伊丽莎白留在了公司，和公司一起成长，直到多年后我离开南非去了纽约。

在内心的某处，我感到正是这个帮助世界的小小举动，为Bumble商业学校后来的成功播下了种子。

在所有和我们的事“业”伙伴共同成功的故事中，你将会发现一个共同的主题：帮助事“业”伙伴是没有任何附加条件的，你只是努力地使对方获得成功。

你的待办事项清单

★ 你知道现在该做什么了。又到了去咖啡馆的时候了。取出你的“业力管理”笔记本，分别在四页纸的上方写下这四种事“业”伙伴的名称：同事、顾客、供应商、世界。

★ 接下去要做的，当然就是在每一栏中写下一个人的名字。这个人就是你为了获得回声所需要的人：你将通过你的“业力管理”项目使这个人获得成功。

★ 在写下名字之后，清晰地描绘出当你的项目完成之时，他们将会获得什么样的成功。这不一定是什么大成功，但是一定要写得很具体。

KM Rule #4
START FROM YOURSELF

“业力管理”法则四

从我做起

古·老·的·智·慧

“你我之间的界限是人为的。”

——寂天菩萨（公元 700 年）

舒适的“业力小窝”

稍加思索就会发现，你和所有事“业”伙伴的关系可以用一个小图来清晰地概括：

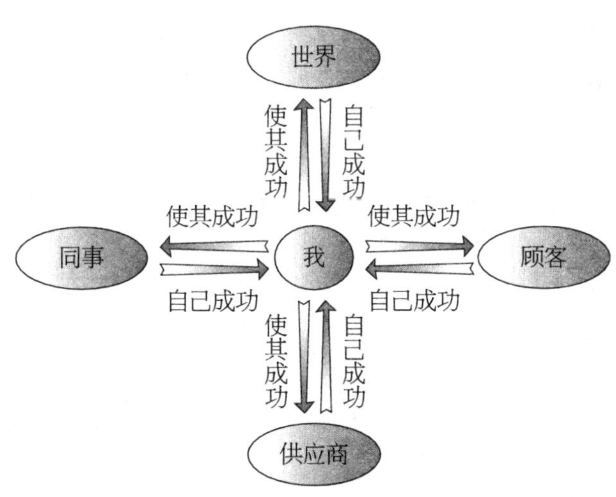

“我”周围有四种人，而我在中间。为了完成项目，卖出十万份有线电视服务，“我”得停止关注自己的项目，而开始关注如何使“我”的事“业”伙伴获得成功。这样，“我”的成功就会不请自来。就像睿智的农夫所说的：“种了玉米就自然能得到干草。”这句话的意思是，只要种玉米，玉米茎秆之间自然会长出草。草是免费的，而且足够你的牦牛吃上整个冬天。

于是，一个经营得法的“业力管理”者只要坐在这个舒适的“业力小窝”里，不断向四个方向送出成功，就能沐浴在反射回来的回声中。

中间的那个“我”

为了让“业力管理”真正发挥魔力，我们必须关注这个坐在舒适“业力小窝”中心的小小的“我”。有一点是显而易见的：一切都源于你。如果我自己不出声，那就不可能收到回音。在“业力管理”中，一切成功都源于你自己。第一步必须由你走出，你必须单方面地开始让你的事“业”伙伴获得成功。

可是，这里还有另一个至关重要的问题。再看一下中间的小我。它的周围有个圈，一条划定你我边界的线——线的这边是“我”，那边是“你”。

粗略地看，这条边界就是我们皮肤的边缘：这个皮囊里面的一切就是我，而它外面的则是外物和他人。当然，我们通常认为的“我”还要稍大一些。当妇人怀孕的时候，她就把这条边界扩展到将胎儿包括进来。我们也许不会在乎超市停车场里的一辆车被剐了一下，除非那是“我”的车子。

那么这条边界的位置是由什么确定的呢？我们似乎可以这样说，“我”囊括了我强烈在乎的一切。如果你伤害了它（比如刺破了我的皮肤，推搡我的孩子，刮坏了我的车），那你就伤害了我。如果你帮助了它（给我按摩，赞美我的孩子，修理我的车），你就帮助了我。

这样看来，你的事“业”伙伴就是你自己。如果他们失败了，你也失败了。如果他们成功了，你也就成功了。是画个新的“我”的时候了：

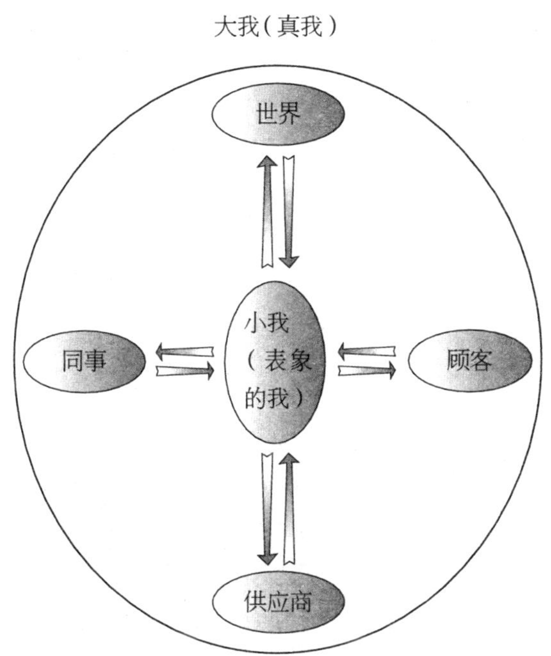

你看，我们又加上了“表象”和“真相”的层面。一直以来，我看上去像是孤立于同事、顾客和供应商之外而存在的；我和世界也是分离的。他们的问题，我可以视而不见；他们是否成功，我也不用操心，因为这些不会对我产生直接或是严重的影响。

可是仔细想想，如果“业”的道理是对的——如果发生在我身上的每一件事都是我曾经对他人做过的事的回声——那么你就是我。拜托，这可不是那种天上掉馅饼的自欺欺人的论调！我们讲的是实实在在的销售额，实实在在的生意。这个“真我”是个大家伙——包括了你身边的每一个人。你必须得习惯于这种思维方式。当你打破了自己和别人之间的界限，不再认为他们跟你无关，那么全心全意帮助别人获得成功就会变得容易得多。

关于竞争

现在让我们来看图中的另一个圈：这个叫做“世界”的圈。这个圈也只是一条线围起来的，而且根据我们已经学到的知识，它很可能是条骗人的线。对于尚未听说过“业力管理”的人来说——对于那些仍然深陷于碰运气的生活之中的人来说——他们会很自然地把世上的事情看做是向着他们发生的，而不是从他们那里发出的。

公司招了个颇具才华的新主管，还要求我把自己的工作经验传授给他——立刻，我感到自己在公司的地位受到了威胁。海外的一些工厂开始大量生产我公司用高价开发的微波炉——立刻，我感到我的工作、我的公司甚至我的国家受到了威胁。

你大错特错了。你必须透过表面的原因，发现真正的原因。“业力”法则告诉我们，一切发生在我身上的事情都源于我自己。因此，我就可以通过先服务他人，来让自己心想事成。

这一点在竞争中意味着什么呢？无论是和隔壁办公室的竞争，还是和地球另一端的竞争，我们如何运用“业力”法则呢？坐稳啦，系好安全带。我们马上就要引爆那个在你心中根深蒂固了五万年的老观念啦。

要是公司叫你培训那个年轻的新主管，那你就全心全意地去做。尽你全力把他变成公司里人人都羡慕的超级明星。当海外产品打败了你自己的产品，那么你自己也买上一个吧——让所有你认识的人也去买他们的产品——让那些外国的工人可以开始享受跟你一样舒适的生活。

“我干嘛要这么做啊？”你大吼道。因为你必须这么做。你没别的选择。你必须让他人成功，即便他们是你的竞争对手。你知道接下来会发生什么吗？这些“业”全都会反弹到你身上，把你的市场大大拓宽。

你的小徒弟果然表现出色，于是公司的上层真的做出了让你一直担心的决定：让他取代你的职位。同时，你处理此事的方式给上司留下了深刻印象，他们设立了一个新的副总裁位置，让你立刻走马上任。

突然之间，一张大订单出现在了你的办公桌上——你从来没接过这么大的订单——原来有个外国政府决定为他们国家每个火车站的厨房订购一个你们公司的微波炉。

这才是事物运作的真正规律；我们谈论的是“真相”层面，我们在谈论成功的万全之方。放弃“我”对抗“你”的想法。放弃“我们”对抗“他们”的想法，为所有人创造成功。

最后要说明一点。当你确实这么做了——当你放下了自我的边界，为每个人的成功努力——那么在你的生命中，你将第一次和宇宙法则达成和谐；你将第一次与那股创造万物的能量同步。尔后，自然而然地，你就会开始感受到一种深层的平和与满足。

难道你真的以为，在这个世界上可以存在一个繁荣的国度，而其他所有的国家都在遭受贫困吗？难道世界应该这样吗？

母亲的责任感

再看一看前面的那幅图，还有一个要点你必须弄明白。你的伙伴就是你——是的，我已经清楚了。但你也是你的伙伴。这是什么意思呢?

一切都由你发起：你行动在先，然后整部机器开始运作。如果你不行动，或是没能有效地组织行动，那么我们剩下的这些人都得跟着受罪。你必须全力以赴，时时刻刻地为全世界的利益努力。我们需要你。

现在换位思考一下：你不只是为你自己工作。一个“业力管理”者，是整日地为所有人服务的。你就像一位母亲，不仅要照料四个男孩的衣食，还得把他们培养成才。你得始终保持最佳状态，因为有很多人都指望着你。我们需要母亲身体健康；更重要的是，我们需要母亲有个清醒的头脑。

为什么呢？因为“业力管理”的世界观就像条滑溜的泥鳅一样难以抓牢。当你感到疲倦或分心的那一刻，当你染上感冒或是在早餐时与你的另一半争吵的那一刻，“业力管理”这玩意儿就会被完完全全地抛到九霄云外。我是怎么想的呀，把自己的工作让给别人怎么会是件好事呢？

简而言之，我们得让你在身体上、精神上和情绪上都保持健康——你得让自己保持健康——否则当这五万年文化习俗的巨浪威胁到你那尚在襁褓里的“业力管理”世界观时，你可能就无法守住战线。你的头脑必须始终保持清醒，要不然，哪一天你情绪一低落，你就马上回到碰运气的生活中去了。

因此，为了保持头脑清晰，你得兢兢业业地执行以下七点计划。

七点计划

1. 练习瑜伽

我们三个人有一个共同点，那就是我们都长期有规律地练习瑜伽。瑜伽经过上千年的发展，能够最大限度地作用于体内意识流动的精微通道。这意味着，如果你的瑜伽练习得法，你的思维就会变得更加清晰，你就更有把握在“业力管理”中获得成功。如今已有两千万美国人在练习瑜伽，因为他们已经看到瑜伽练习对提高绩效大有裨益。

万事开头难，只要你能跨出练习瑜伽的第一步，之后一切都会渐入佳境。好在现在有许多不同的瑜伽流派，它们大多优良正统，可以让你按需选择。不用不好意思，多尝试几个不同的瑜伽会馆后再确定要在哪里练习。找个方便前往的场地，找个适合自己的瑜伽流派。下面，我们来对目前通行的几个流派做个归纳：

阿斯汤加瑜伽（Ashtanga）：力量，结构，传统（这个流派有时又被称为流瑜伽（Vinyasa），迈索尔（Mysore），斯文森流瑜伽（Swenson Flow），或力量瑜伽（Power Yoga）

艾因格瑜伽（Iyengar）：体位，技巧，对身体的理解

哈达瑜伽（Hatha）：柔和，伸展，适合初学者

悉瓦南达瑜伽（Shivananda）：传统，灵修，适合终身练习

比克若姆瑜伽（Bikram）：高温场所，正统体式，专业

阿努萨拉瑜伽（Anusara）：关注心灵，有效，讲究细节

吉瓦穆克提瑜伽（Jivamukti）：灵修，有效，启示

弗雷斯特瑜伽（Forrest）：女性能量，力量，自信

达摩米特拉瑜伽（Dharma Mittra）：老师的瑜伽，灵修，深刻

心瑜伽（Heart Yoga）：瑜伽的“业力管理”，古老，植根于智慧

康复瑜伽（Restorative）：适合身体上已经有一些问题的人

双人瑜伽（Acro Yoga）：与伴侣一起练习的瑜伽，愉快，健康

孕妇瑜伽（Prenatal）：使生产和产后恢复更加顺畅、健康、安全

2. 开始冥想

我们三个人还长期有规律地进行冥想。我们说，是冥

想为我们带来了巨大的变化。

你会变得更冷静，思维更敏锐，你能发现机会，破解难题。

尽管现在盛行的大多数瑜伽流派都是同根同源，但要找专业的冥想训练，有时却不太容易。你可以在当地的瑜伽会所或修行中心学到一些基本的东西：比如呼吸以及平静地观察自己的思想。关于瑜伽和冥想，不要觉得你必须接受某种哲学体系才能练习瑜伽和冥想。把瑜伽和冥想用来实现我们现在正努力想要达到的目标；如果此后你的生活发生了改变，你希望再进一步，那到时候你自己再做决定。

判断一个冥想老师是否合格是很难的，但可以肯定的是——如果他们自己的冥想管用的话——他们就会是平静、慈祥而且头脑清醒的；用这些作为标准来寻找老师吧，还是一样，不用不好意思，可以货比三家。到了一定的时候，如果你决定成为一个正儿八经的冥想者——这会让你在日常生活中和生意场上更能干，头脑更清晰——那我们建议你研究一下本书最后一章推荐的 ACI 项目和阅读资料。

3. 遵循个人道德准则

在日常生活中，我们秉持道德对待他人的方式，是一个非常特别的“业”，它决定了我们的思维方式：也就是那些整日在我们脑中回响的念头。同样，这也不一定从属于某个特定的灵修传统——那是你自己的事儿。但无论你选择遵循什么样的个人道德准则，其中都应当包括四个或五个关键要素。

★ 保护生命。确保不伤害任何人或其他生物的身体，甚至要尽量避免有伤人的言语和念头。

★ 尊重他人财物。不偷盗，不做近乎偷盗的行为：不在上班时间打私人电话，不做假账，不偷逃税款。

★ 尊重他人的伴侣关系。不做任何威胁他人夫妻或是伴侣关系的行为。

★ 诚实。不说谎，说谎是指给别人留下你明知是错误却想逃避的印象。

很多精神修行的传统中都有第五个要素：切忌染上酒瘾或毒瘾。简单说来，这么做是浪费金钱和时间，而且终将使清醒的意识和成功的生活成为泡影。

4. 不断学习

书籍是一项伟大的发明。从前，我们只能听到生活在同时代的人对于事物的描述。可现在，如果你愿意，你只要去书店花上几个小时的工钱，就能把一些两千五百年来最伟大的见解带回家，在午后时光坐下来慢慢品味。

一些书能够经久不衰，自有它的道理。这些书里说的是能让你的生活变得更轻松、更成功的道理。作为本书的补充，你可以更进一步钻研“业力管理”源头的那些新颖的古老智慧——这些智慧从未像现在这样能够通过公开而广泛的渠道获得。

不停地学习——学你可以学的任何知识，即便只是一个新的电脑程序，或几个外语单词，或一种异国的烹饪方法。学习使头脑常葆年轻、清晰和敏捷。

5. 服务

如果我们不是每天都有心地做至少一件有益于他人的事情，生活就是不完整的。在实施“业力管理”的过程中你当然就已经在这么做了。保持这个势头。你会发现没什么比帮助他人更能令人满足；你会发现你付出的时间越多，你自己的时间就越多，能够完成的任务也越多——这就是“业力”。

6. 巧妙饮食

嗯？怎样做到巧妙地饮食？吃东西需要多少技巧呢？

很多呢。

我们中那些生活在富裕国家的人们，从小就被灌输了一种不健康的、过度的饮食方式。我们的饮食令我们迟钝——也令我们的整个文明迟钝——它令我们身体疲累、思维呆滞。挑战这种潮流，培养新的饮食习惯，需要许多智慧和知识。

要控制暴饮暴食，其实无须大费周章，只要坚持做到七点计划的其他六点就好了。瑜伽练习所作用的体内经络，也负责你的进食量。即便只是做上几个星期最基本的瑜伽练习——一个星期一两次就行——你就会突然发现自己不再渴望吃一整盘的烙饼了。

慢慢地，随着七点计划的持续进行，你会自然而然地发现自己越来越向往那些让你信感健康、思路清晰的食物：新鲜的果蔬，以及低脂、低碳水化合物的高蛋白食物。

要再次说明的是，这不是那些所谓的新纪元运动。加班的时候吃甜甜圈喝咖啡，可能几年都不会有事，但是不久以后这些习惯就会来跟你讨债了。你的身体变得虚弱，思维优柔寡断，于是那些突破性的想法——比如采取让竞争者成功的策略让自己获得成功——在你的眼里开始显得愚蠢，不值一试。

我们对于饮食的最后一点建议：量力而为，但是要向自己保证，会坚持努力。我们谈论个人道德准则的时候就已经说过，想要一个清醒的头脑，首先需要一个清白的良知。

这就意味着，我们要开始避免食用那些包含了许多不好的“业”的食物。所有肉类食品的生产，每一天都给成千上万无力反抗的生命带来巨大的悲惨和折磨。而且显然，无论我们说什么，我们都知道，动物确实能感受到和我们一样多的痛苦和快乐——这就是为什么我们会宠爱我们的狗，搂抱我们的猫。

按照自己的步调，慢慢地减少肉食吧。向吃素的朋友咨询，获取可靠的替代性植物蛋白的方式。以我们亲身的经验，我们可以告诉你，你将变得更强壮——拥有更好的肌肉线条，更苗条、更干练、更敏捷、更快乐。

7. 休息与放松

如果饮食是技巧，那么休息就是艺术。很少有人懂得如何好好休息。但如果你想下好“业力管理”这盘棋，你就要准备好所有的“棋子”，精神焕发的“棋子”。

保证充足的睡眠——需要多久就睡多久；每个人的需求都不同。既然大多数人都必须在某个固定时间起床工作，那么我们就得准时上床。这也意味着我们必须在醒着的时候合理地分配时间，以保证自己能按时向床垫报到。有一个好方法可以让我们挤出更多的时间来准时睡觉，那就是进行一个小小的“简化生活”运动。

你可以先把枪口对准那些浪费大量时间的行为，比如看电视和上网，通常那意味着阅读无关紧要的电子邮件。报纸和杂志也脱不了干系。你其实并不用知道总统今天早餐吃了什么，或你的叔叔对你表兄小孩的看法。这一切的信息和额外的刺激让你的意识超负荷运转，使它难以放松，并在夜间难以入眠。假如你在傍晚有一点闲暇，别上网了。出去散散步，看看树木，望望星空。

当你进行这个“简化生活”运动时，一步步地整理你的房子，如果发现有些东西你六个月都没碰过，那就把它们扔了吧。因为它们也占据着你的意识空间，让它混乱不堪，难以放松。

看看你能不能静静地独坐十分钟，默默地，想想你生活的美好，世界的美好。学会放松，让自己休息。我们都需要你，需要一个精神焕发的、思维清晰的你。

真实的故事

克丽丝蒂：

为钻石山大学的成功添砖加瓦的人有许许多多，但我可以自豪地说，是我说服大家接受了一个我相信是对于学校的成功有奠基意义的政策：“下午一点”政策。

在钻石山大学，下午一点之前不许进行任何课程或类似的教学活动。我们鼓励所有学生以及教职人员利用上午的时间进行个人修行，就像在“业力管理”的七点计划中所描述的那些修行。

一位典型的钻石山大学学生醒来后，先喝一杯花草茶，然后以冥想开始这一天。这个冥想可以是十五分钟或是长达一个多小时，视学生自己的冥想经验而定。

大多数的学生都接受过各种不同冥想技巧的训练，这能保持他们对冥想的新鲜感和兴趣。他们可以做个解决问题的冥想，探究某个朋友这个星期为什么和他们不和；或者来个回顾性冥想，回顾在冥想中会发生的八个典型问题，把它们牢记在脑中；或是专注冥想，注视心中安宁的一点。

然后他们起身练习瑜伽。顺便说一句，我们发现和伴侣或朋友一起练习瑜伽比较容易：因为当一个人稍有懈怠，另一个给他提个醒。集体练习能带来许多乐趣，钻石山大学的学生总是可以选择和他人一起作清晨冥想或瑜伽。

我们不强求统一的瑜伽形式，人各不同。之所以有那么多不同流派的瑜伽就是因为不同流派适合不同的人。

我们也不强行规定练习瑜伽的时间长度——因为这也是因人而异的。但我们要求你的冥想和瑜伽练习成为常规：即使每天十五到三十分钟的定时练习，也好过一天猛练，三天不练。

练完瑜伽（瑜伽和冥想都最好在空腹状态下进行），大家就开始吃一天中的第一顿饭。同样，我们对饮食不做硬性规定——各人的身体状况不同——但有一些食物却会让几乎每个人都感觉良好。其中之一就是鲜榨果汁：买个小型的电动榨汁机，养成每天早晨榨四个橙子来喝的习惯。一个星期左右，你就会觉得来自鲜果的生活却有着巧克力的味道，让你充满了久违的孩子般充沛的能量。

戒掉咖啡和含咖啡因的茶；用杏仁奶的纯净蛋白质来代替牛奶的脂肪，以后你还可以试着做新鲜的杏仁奶。还可以在杏仁奶里加上麦片一起享受，但记住养成察看麦片盒子的习惯，避免购买高糖的产品。

通常用餐之后，学生们就开始日常学习。我们提倡古老智慧定下的方式；在这个时段不准使用电脑，因为（我们之前提到过吗？)整个上午你都要保持缄默和意识平静。古老智慧的方式就是拿出近期正在研习的书籍，对着目录看几分钟，比如说，前面五个章节的名称。然后闭上眼，看你能否在脑海中复述那些章节的名称。一周左右，你就能按顺序滔滔不绝地背诵出所有章节名称了，那也就意味着你已经把整本书的纲要印在脑海里了。

而那个印记就在你的脑海中，你可以随时随地把它提出来，思索一番——无论是在上班路上还是午饭桌旁或是坐在等候室里。

然后继续阅读书里你正在读的那部分，读完后仔细地思考它在整本书里的角色——思考如何在今天就把它运用到你自己的生活中。

再接下来，学生就可以用一两个小时做些自己的项目，为有需要的人授课或是提供帮助——几乎每个钻石山大学的学生都参加了这类项目。这些也都是完全出于自愿的，在钻石山大学我们连学费都不收。

你自己必须有成功的意愿：这一点别人没办法替你做到。

如果你不是个全职学生，那么在下午一点之前你早就应该去上班了；但你了解了基本的做法——要把“七点”融入自己的日程里。我想让你明白的是，当你头脑清醒的时候，那感觉有多棒。我们学校的“下午一点”政策真的管用：它让学生和教员都成为健康的、营养均衡的和思维清晰的人。当这些人聚集在教室里（往往是下午或晚上），我们看到的就是个令人激动的场面——纯粹的学习之乐，以一百英里的时速向前推进。

有一次我和几个钻石山大学的学生同坐一架飞机，我看到乘务员停下来对他们说：“你们看上去真是容光焕发！怎么做到的？”事实上，我对这样的场面已经习以为常。这能让每个老师都自豪得无以复加。

这就说到了我们的最后一点。是的，你是我们的母亲，我们指望着你强壮而健康，因为是你帮助我们获得成功。可是如果你仔细想想，母亲即使在没做什么特别事情的时候，也仍然在做着一件事——那就是给别人树立榜样。

人们整天都在互相观察。如果你看上去容光焕发，意识非常清醒，在工作中表现得像个超级明星，那么大家肯定会注意到。他们会想办法弄明白你是怎么做到的，然后自行走上与你类似的道路。这样，你又给大家带去了更多的成功。

你的待办事项清单

嗨，我们刚想到一件事。我们希望这本新书获得成功；我们希望所有的“业力管理”项目都成功。这意味着，你必须好好执行七点计划的个人修行，也就意味着我们要好好给你布置点任务。今天的任务有两项：

（1）上网找三家附近的瑜伽会所，这个星期你至少得上一节瑜伽课，然后每周上一节课，直到你找到自己喜欢的会所和老师。之后你就每周一次去那儿练瑜伽。

星期天下午是个放松的好时候，在大多数瑜伽会所里聚集着许多像你一样平日里要工作的人们。我们还记得我们的第一节瑜伽课。我们的身体是班里最僵硬的，下课之后，

我们冲向餐厅，用煎饼把自己填满；接下去的两天，我们走路一瘸一拐的像鸭子一样，而且浑身酸疼。

可是我们为自己感到骄傲，我们从未退却。你是初学者，挺一挺就过去了。几个月后，你就能向班上那些新来的菜鸟们露上一手了。

（2）找人教你一些基本的冥想。到瑜伽会所问问。一直找，直到你找到一个跟你合拍的老师为止。然后开始平日里每天做十分钟的冥想（如果每天定时定点练习，会容易得多）。

现在就开始吧。生命短暂，这个叫做“业力管理”的新玩意儿是你迈向成功的大好机遇。为了我们大家，努力吧。

KM Rule #5

STOP MAKING DECISIONS

"业力管理"法则五

停止做决定

古·老·的·智·慧

"非此，亦非彼。"

——龙树菩萨（公元200年）

决定只会滋生更多决定

现在，你的头脑已经非常敏锐，你也真正明白了帮助他人获得成功的重要性，那么我们该探讨一下技巧了。这意味着你必须停止做决定。

决定源于对于成败的不确定。你习惯于必须做出决定，因为到目前为止你始终都在碰运气。而且在今天的工作中你就得做出一个重大决定——不然的话，那十万个巧克力礼盒铁定不会在剩下的四个月里卖完。

这个决定就是：我们是沿用老派的邮寄广告，还是尝试一些新的网络广告？（当然，你那精明的老板给你的预算只够做一种广告，两个都做是行不通的。）

老规矩，我们来把你的选项画出来，这样肯定能帮助你更轻松地做出决定。

好，画好了。就是因为我们不能确定哪种方式会有效，所以我们必须要做个决定。

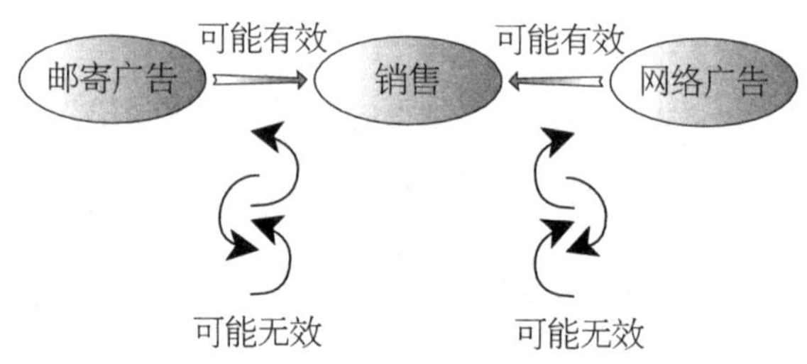

仔细想想，成为一个管理者到底意味着什么？全看谁有勇气（或是傻气）坐在这个小小的老板椅上，给项目组里所有的员工指点前进的道路。而且只要这些管理者有一丁点儿的诚实，他们就必须得说“我们并不知道我们的尝试会不会成功”。

问题还不止这些。决定会滋生更多的决定，因为不确定性本身就很容易衍生出更多的不确定性，让可怜的小项目经理（我们）的精神越发的紧张。换言之，当你勇敢地决定采用新式的网络广告的那一刻，项目组里的某个组员将会立刻提议采用“极简主义”来设计这个网络广告：“你知道吗，就得像苹果公司推广 iPod box 一样，连一页说明书都没有！我跟你说，只要一张我们巧克力礼盒的图片就够了，而且——还有更绝的——连我们公司的名字都没有，哪儿都找不着，连一个字的购买信息都没有。接下去你知道咯，整个网站的人气将会被一个问题推高：在哪里能买到这些巧克力？”

当然，会有另一个组员眼珠一转，然后说：“设计个红色的心形盒子，下面写上一个 400 开头的免费电话号码，再加上一个人，舔着手指上的巧克力。所有人都知道这招总是奏效的。这种胜利公式已经盛行了——多少年来着——反正它从来没有失效过。”于是，你的生活变成了这样：

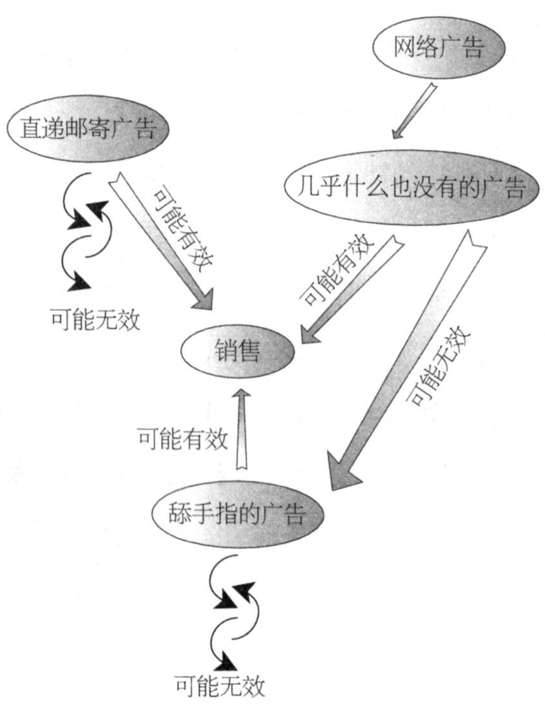
网络广告
直递邮寄广告
几乎什么也没有的广告
可能有效
可能有效
可能无效
可能无效
销售
可能有效
舔手指的广告
可能无效

利 与 弊

在这个凌乱的图表之外，我们还要加上一个利与弊的单子，因为每当你要做出重大决定的时候，总会牵扯出一长串的利与弊。在这件事情上，为极简主义的网络广告所列的短小清单可能是这样的：

极简主义网络广告提案

利	弊
1．同样的成本，更大的人口覆盖率	1．转瞬即逝：不会在厨房的桌子上逗留一周
2．生产成本更低	2． 可能会错过一些不常用电脑的老人和有钱人
3．易于根据收效作出调整	3． 没有足够的空间来展示我们和竞争对手的不同之处

问题是这张利与弊的清单立刻会在你脑子里牵扯出另一张清单，那就是“利变成弊”的清单。因为在内心深处，我们清楚即便是“利”也具有不确定性；它们很有可能转变成“弊”。我们得事先考虑到这些问题，给自己预备好保险的退路。

极简主义网络广告提案

利	潜在的问题
1. 同样的成本,更大的人口覆盖率	1. 如果我们的网络广告随处可见，这可能会让我们的巧克力显得很廉价,不再是什么高级商品。
2. 生产的成本更低	2. 电子页面是比纸张要便宜,但是真正好的网页设计师身价涨得很快，而且他们常常在推广活动进行到一半的时候撒手不管，也不找人代替。
3. 易于根据收效做出调整	3. 得了吧！你怎么真正地去衡量网络广告的成功?不仅每个人都知道,而且连每个人的老妈都知道网站点击率总是因为那些想找巧克力色麂皮平底鞋的人的意外点击而被夸大。而且网页设计师在上周就辞职了,还记得吗?难道只为了改进一则广告，你就要用双倍的价钱请他回来做顾问?

你清楚这张新的清单不只是个玩笑。如果你已经是个管理者，那么每当你开始衡量利弊的时候，这样的事情总会发生。你看——现在你的脑海里出现了一张图，就只是为了这么一个小小的决定（我们已经很仁慈地省略了其中所有的长篇大论了）。可是在你领导项目小组卖出那十万组商品的过程中，你将不得不做出数以百计大大小小的决定，而情况也将因此复杂百倍。想知道大企业的中层管理人员的薪水为什么这么高吗？因为生活在这种复杂的、充满了不确定性的精神状态中实在太痛苦了，要是没那点钱的话，没人会愿意做的。你知道那是真的。该是停止做决定的时候了，让我们看看你将如何摆脱这一切吧。

一个小小的决定带来的精神压力

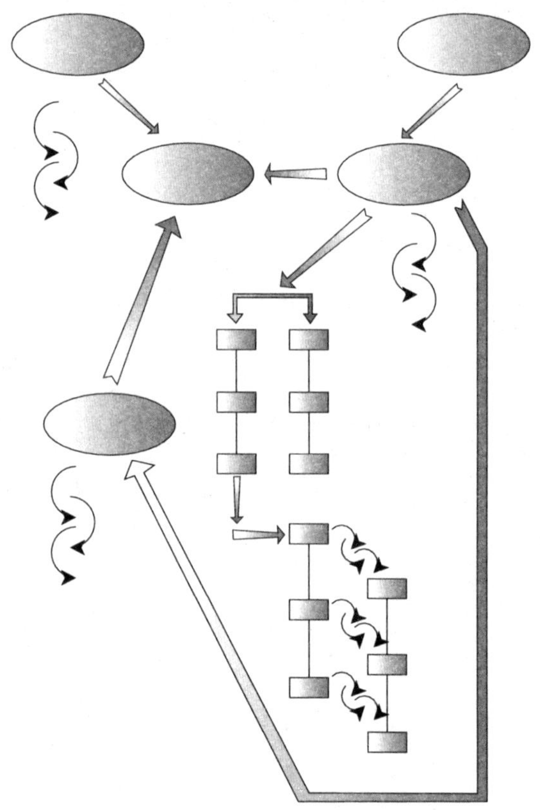

真实的故事

麦克格西：

我们的公司成长飞快（连续数年，公司每年的规模和销售额都翻一番），以至于我们的工作场地持续稀缺。我们租用的场地越来越大，并最终下定决心，在曼哈顿买下了属于我们自己的一幢九层高楼，从楼里还能看到哈得逊河的迷人景色。问题是，你得差不多当上了副总裁，才能坐到靠窗的位置。

约翰·艾斯波斯托先我一步当上了副总裁，经过他办公室的时候我总是心怀妒忌。我是说，那是一片属于他的充满阳光的天地，是属于他的整个办公室，他可以关上门享受自己的私人空间。更令人不爽的是，收发室的主管每天早上都会亲自把《华尔街日报》从门缝底下塞进他的办公室。

于是有一天早上经过他办公室门口的时候，我就矮了矮身子，把他的报纸偷到了我那拥挤的小隔间。我把脚跷上了桌子，躺倒在椅子上开始看报纸，一副理所当然的样子。但是接着，奇怪的事情发生了。

报纸的头条说的是华尔街的一位投资银行家擅自挪用公司所有的对冲基金进行风险投资后输光了的故事。他曾试图逃往香港。报上登了一张他带着手铐被带出登机口的照片，边上还刊登了几位著名金融分析师的评论，大谈他做出如此冒险的举动是多么愚蠢。报纸读到这里，还不算奇怪。

在第二页上有一篇关于乔治·索罗斯的长篇报道，他冒着更大的风险用客户的钱去英国的外汇市场淘金，仅在一天内就网罗到十亿美元的利润——创下了惊人的纪录——还是那几位著名的金融分析师，却都在称赞他的大胆果敢。

再往下看——到了第二版块，真正的金融新闻开始了：不仅有评论者的见解，还有各大公司的真实数据。IBM近况堪忧，看起来他们甚至有可能把个人电脑的整块业务低价出售给某家中国企业。那些分析师又开始高呼，要求他们停止这种保守的做法：大胆地做些事情吧！

再翻过几页，又有一个关于惠普电脑的长篇报道，文中盛赞惠普经得起考验，采用保守的策略进行生产和销售，也因而继续成为蓝筹股利润的领头羊。

那一刻——就在那一刻——我突然明白了无论选择冒险还是保守都无关紧要。关键并不在于你做了哪种决定：任何一种决定都可能成功，也都可能失败。《华尔街日报》之所以有这么多版面，就是为了报道这个举世皆通的事实。

但是完全没有人察觉到这点。金融分析师们继续争论利弊，这些利弊听起来都理由充分，说服力十足，可是归根结底都是一样的。无论什么时候，一旦你开始做决定，你都不可能知道这个决定到底能不能成功。

真是难以置信。突然，我不再想拥有一早就能看《华尔街日报》的特权了。我回到约翰办公室的门口，轻轻地把报纸从门缝底下塞了回去。我可以听到门的里面有两个人正在讨论公司是应该冒险投资一条新的生产线，还是安于我们现有的那条稳妥的老生产线。

你的待办事项清单

这次你的待办事项里有三个新任务。

1. 带着你的“业力管理”笔记本去静坐。找一找你在笔记本里写下的这周应该做完的五件事情。在每件事情的旁边，你还应该已经写下了它们的成功几率。然后再为每件事情列一张“利与弊”的清单，每件事只写三个利和三个弊。然后写下这些“利”中潜在的问题。对着你所写下的东西凝视五分钟，试着去感觉一下：一定有比这更好的办法。

2. 我们要来开始改变你的饮食习惯。要做到这一点，有一个真正简单的方法，不涉及任何的忌口。既然你已经

养成了随身携带“业力管理”笔记本的习惯，那么从现在开始，每次吃完饭或是吃完零食的时候，花一点时间，拿出你的笔记本，记下你刚吃下的高糖高脂肪的食物，及含有像咖啡因（或是尼古丁）这类刺激性成分的食物。仅此而已。只要做观察，不用做改变。然后你会发现这种观察渐渐地成为一种改变。试试看，真的有用。

3. 静坐的时候花一点时间写下一套能提升自己的个人道德准则，内容不必超过五条。每天一次，在你上床睡觉前，拿出你的笔记本，想一想这五条里有哪一条是你今天做得最好的，然后用一个简单的句子把它写下来。比如：“上午工作的时候我本来想打一个私人电话，但是我却有意地改在属于自己的午餐时间打这个电话。”

这样做，能创造出许多辅助性的回声，为你项目的成功添砖加瓦，也包括那十万个产品的销售。

KM Rule #6
LOAD YOUR STAPLER

“业力管理”法则六
装好订书针

古·老·的·智·慧

"'业'的第四定律说：有因必有果。"

——宗喀巴大师（公元 1357—1419 年）

真实的故事

采访者：你们三个人都那么成功。我想请你们回想一下你们在事业中所做的最成功的一个决定，告诉我们你们为什么会做出那个决定。

克丽丝蒂：我没有考虑过，只是觉得那样做是对的。

迈克尔·郭尔登：我只是跟着一种直觉走。

麦克格西：我向来认为就该那么做。

回归直觉

我们知道你现在在想什么：“你们三个坐在那里嘴上说说当然很容易啦。我也想停止做决定啊，因为那确实太伤脑筋了。但是有什么别的办法呢？我要怎么跟我老板说——我决定停止做决定了？”

冷静一下。我们可不是这个意思。你今天当然还要去上班，还要尽你所能地做出大把决定。但是与此同时你要慢慢开始停止做决定。那该怎么做呢？

随便找个在自己所从事的事业中获得成功的人聊聊——商人、音乐家，或是一位母亲。问问他们为什么总能在正确的时间做出正确的事情，然后他们就会回答你：“我真的说不上来。就是某种直觉。”

你看，我们或多或少都有点直觉。当你今天坐下来再次打开这本书的时候，你并没有想：“开始看书之前我要决定一件事：我坐在这儿的这段时间里要呼吸多少次？”你根本不会去操心你每隔多久需要呼吸一次，因为呼吸是自发的、自动的。它是一种直觉。

想象一下如果是这样的话会有多麻烦——从早到晚，不管是在走路，还是在做什么别的事情的时候——你都要不断地做出决定，决定此刻要不要呼吸，呼吸多少。没错——分分秒秒都要想着这些，会让你的意识彻底混乱，还会占用大量本可以用来完成你手头工作的精神空间。幸好呼吸归大脑的直觉部分掌管：让它保留在那儿。我的脑子似乎不用我掺和就能够正确地决定呼吸多少空气。

现在的问题是：我们在卖掉十万辆自行车的过程中要做的大部分或是所有的决定，能不能也用相同的方法来对待呢？有没有办法把它们从大脑的决策部位中取出来，放到直觉部分里去呢？到底为什么那些天才商人和艺术家们总能一次又一次地感觉到怎么做才是获得成功的最佳方案呢？接下去我们就来告诉你。

一切尽在订书机

你瞧，在“业力管理”中，每当你来到十字路口，面临项目中或是生活中的抉择时，你就已经失败了，即使你做出一个决定并因此而获得了成功也是一样。如果你一直都在正确地实施“业力管理”，那么事情用不着做决定就早已经解决了。

那我怎么知道我是不是在正确地实施“业力管理”呢？这就要说到订书机了。

拿起你桌上的订书机，站起来，走向别人的办公桌，问那个人这个订书机是否好用。那个人会很诧异地看着你，然后拿起一张纸塞进订书机并且摁下去。如果有一个订书针钉在了纸上，他就会说“我看是好用的”，然后趁你转身走回自己桌子的时候摇了摇头。

这个故事的道理是：订书机装上订书针就好用，没装就不好用。如果你急需一个订书机，你不会在办公室里上蹿下跳，拿着别人桌上的订书机相互比较。你不会站在那里，一手拿一个红色的订书机，一手拿一个绿色的，费力地决定哪个颜色的订书机好用。

因为订书机的颜色无关紧要。站在那里费力地决定要用哪个颜色的订书机既没有意义也没有必要。只要知道哪个订书机里装了订书针就好了，因为那个才是好用的。

而且如果你知道两个订书机都装了订书针，那你就知道两个都好用。这时候你就听从你的第一直觉，喜欢哪个就用哪个，因为无论哪个都好用。

让我们回过头去，推翻那个关于采用何种广告形式推销那十万盒巧克力的决定吧。如果你所选择的行动是“装了订书针”的，那么无论是邮寄广告还是网络广告都会管用——你可以按照直觉悄悄给你的提示，“选择”其中任何一个。如果你所选择的行动没有“装订书针”，那么，两种方法无论哪一种都会失败。（这就是《华尔街日报》的教训，还记得么？）

你可以停止做决定了，因为那一点用都没有。你可以开始为你的行动“装上订书针”了，这一向管用。因为在由“业”管理着的世界里，没有任何行动会落空。你踏出的每一个“业”的脚步都会毫无疑问地把你引向它的结果：种瓜得瓜，种豆得豆。

想要知道这种感觉，有一个很简单的办法。回过头去看看那些箭头飞舞乱七八糟的图表，然后合上书，看看封面上温暖的黄色球面。做决定或为你的行动“装上订书针”使它必定成功，这两者给你带来的压力的差别，就是这个感觉。

如何为我的行动“装上订书针”

太好了！那我要如何为我的行动“装上订书针”呢？

拜托，我们早就说过了。发动汽车的是电池，而不是车钥匙。帮助你的事“业”伙伴获得成功的任何行动，都将毫无疑问地造就你自己的成功，不管你再做什么，不管你再做什么决定都无关紧要。一切都将是……直觉，是自动的：“我就知道会是这样。”

所以，我们已经大刀阔斧地缩减了决定的图表，把它变成了一种舒适、简洁、快乐的经营事业的方式：

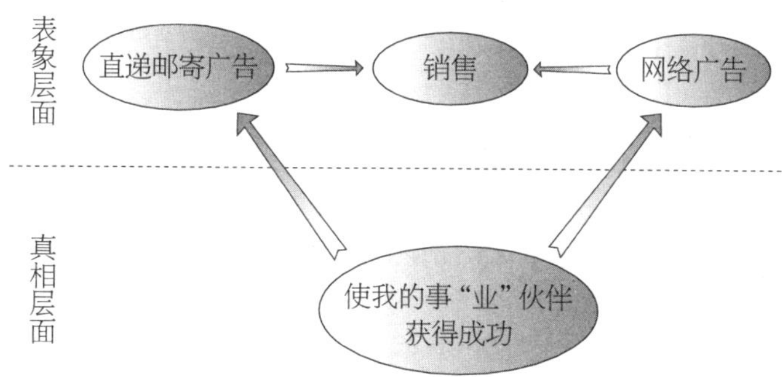

你看，我们又把图表分成了“表象”和“真相”两部分。当老板撞进门来，祝贺你提前——多久来着——三个月？——把十万盒巧克力全部卖完的时候，你知道他一开口就会说：

“我说，你怎么知道网络广告会这么管用？”于是你就停顿一下，然后回答：“那只是一种感觉。”然后你对自己挤了挤眼睛，因为你清楚为什么你会有那种感觉：你一直都在照应着你的事“业”伙伴。

你的待办事项清单

回到待办事项中最重要的部分，回到“七点”中最重要的部分，回到“业力管理”的核心：你的事“业”伙伴。在你的“业力管理”笔记本中，记载着你自己书写的一段文字，它描述了你的四组事“业”伙伴中各有一位将获得何种成功。既然如此，那么现在就该干正事儿了——该给你的项目“装订书针”了。

★ 每天开始工作之前，写下为了让这四个人获得成功，你将采取的一个特定的行动。不用是什么大事——最好不要是什么大事。只要做一件你今天确实能够完成的事，为他们的成功添砖加瓦。

我们可不会在这一个任务上对你指手画脚，你的关键任务是——装好订书针。如果你真的想要成功，那就从今天开始，把它培养成一辈子的习惯。你想做到什么程度全看你自己——你要做的就是这些。

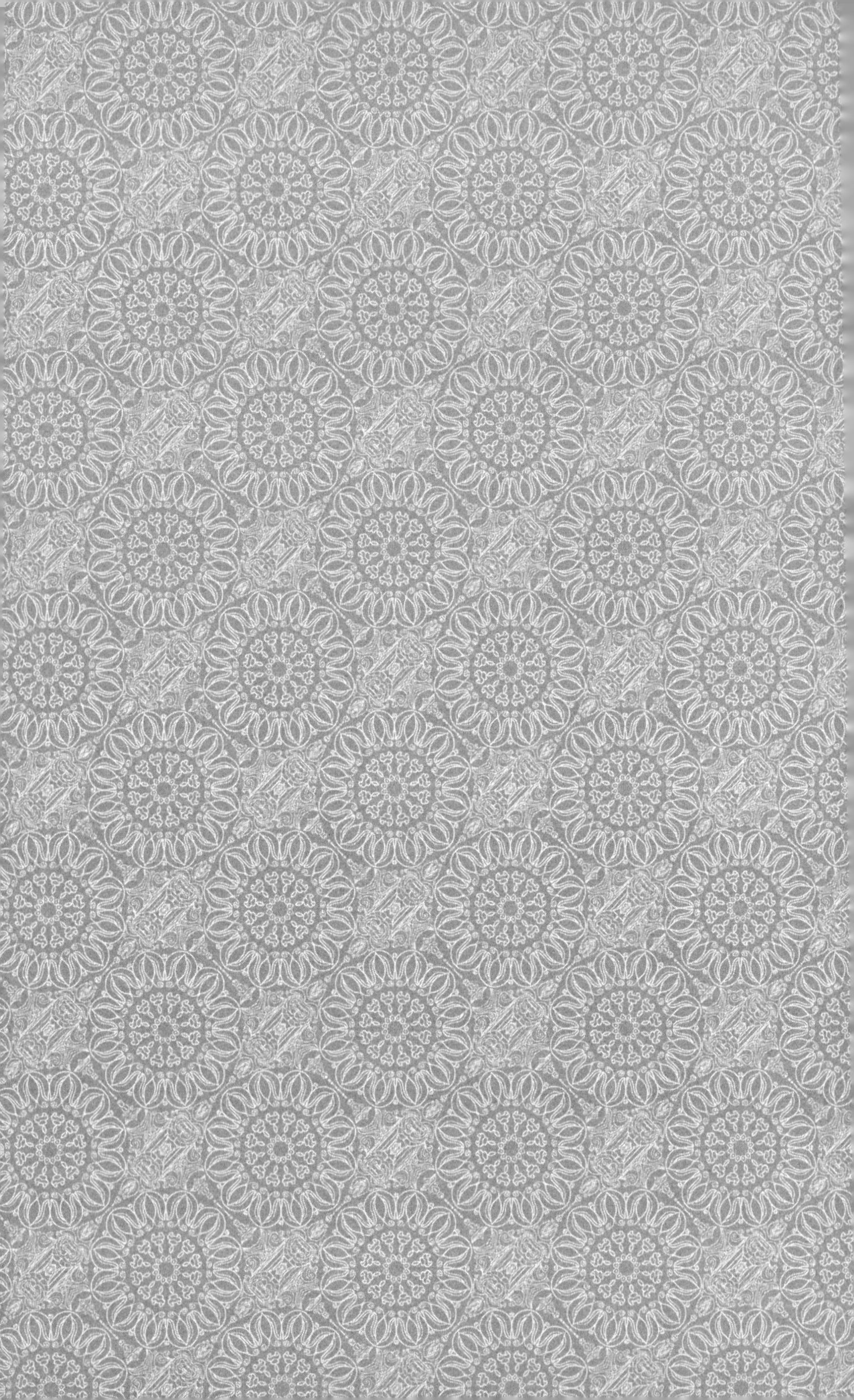

KM Rule #7

RIDE YOUR PROBLEMS OVER THE TOP

"业力管理"法则七

乘着问题飞越巅峰

古·老·的·智·慧

“问题即出路。”

——波托瓦格西（公元 1027–1105 年）

跑道上的飞机

伟大的堪仁波切（Khen Rinpoche）曾经说过：“问题是好事，因为它们可以让你了解你的毛病出在哪里。”这让我们想到了跑道上的飞机。

几乎每个商人都不得不为了生意而旅行。于是我们会花很多时间透过机舱的窗户向外张望，琢磨着我们的飞机是不是真如机长所称的，“排列第三等待起飞”；我们琢磨着那句话的意思是到底还要延误多久。

问题在于，“业”的运作就像飞机起飞一样。在接触“业力管理”之前，我们已经费了很大的劲去无视我们的同事、供应商、客户和我们的世界，甚至还想方设法地去“打败”

他们。而所有这些“业种”仍然在我们的意识里：一个都不会少，无论是好还是坏。

这些种子是以前就种下的，所以——就像今天在我们面前跑道上的一号飞机和二号飞机一样——他们一定会先起飞。一定会有问题冒出来，耽误这十万块冲浪板的销售计划。

不仅如此。人无完人，你运用“业力管理”的八条法则所经营的第一个项目将会和你上小学的时候写的第一篇作文很相像。没错，你记得——“袋鼠邦祖在跑步大赛中获胜”。在每次有意帮助你的事“业”伙伴成功的行动中，你都会习惯性地采取另外三种防止他们过于成功的行动。没关系，这一次积极的行动要比我们过去的行为好上百分之百，也足以创造出超越我们过去取得的任何成功。但是另一方面，负面的种子将在令人尴尬的时候在你的项目中突然出现并带来问题——就像弗兰克。

为什么有些"坏人"成功了

在进一步讨论之前，不妨先说句题外话。在某个时候——也许就是现在——你会问：为什么有些明显没有尽力让他们的同事、客户、供应商和世界获得成功的人，却似乎很成功。你还会问为什么有些成就别人成功的人却似乎不怎么成功。要理解这些人的真实情况，你必须先记住关于"业"的三件事。

1. 没有什么是"明显"的。"业"的真正精髓——任何行为的"业力"，其背后的实质——是人心深处的念头。有很多的管理者，在工作的时候看上去"明显"很刻薄，但是在内心深处却真心希望公司和公司的每一个成员都获得成功。正因为这样，他们才会对别人要求这么严苛。

还有很多管理者，他们对人和蔼，但却并不是因为他们真心地希望让每个人都获得成功；他们只不过是希望相安无事地度过这一天。第一种管理者会在项目中获得成功，而第二种会失败。这个故事告诉我们：人心海底针，评价他人要十分慎重。

2. 正如我们所说的，我们不知道还有多少架别的飞机——多少个别的“业种”——已经在一个人的意识里优先排队等候，准备起飞。我们看到别人播下的好种子毫无疑问也在队列中，但是排在多么后面，我们就不得而知了。

3. 你得明白“业”的第二条定律：“业”总是会长大。举例来说，一个吝啬的人可能在几个月前，以一种我们不知道的方式，真正地慷慨了一回。从“业”的角度来看，这颗小种子完全可以在今后成长为整个项目的成功。你想想，一棵三吨重的橡树是由三十克重的橡果长成的，意识的种子亦是如此。

简而言之，宇宙的公道确实存在，每个人都会得到他所应得的。现实世界有着极其强大的能力，就好比它能够完成体操里面“后空翻”的高难度动作，以至于让每个人在恰当的时刻获得应得的东西。这种好比是“后空翻”的高难度技巧和“空性”的概念是紧密联系的。本书不会涉及“空性”的概念。但这真的很神奇！言归正传，现在来说弗兰克。

解雇弗兰克是徒劳的

现在说弗兰克，正如你记得的（尽管你从来没听过这个名字），他是你项目小组里的成员。他说艾丽丝建议的极简主义的网页广告——也就是你新发现的直觉告诉你应该采用的那个广告——绝对不会有效果。于是，可能在根本没有意识到的情况下，弗兰克正想方设法地让这个极简主义广告不成功。他一直在广告的推行上拖后腿，他的抱怨正威胁着你好不容易才在这个组里建立起来的团队精神。总之，弗兰克是你的头号大问题：

现在听听下面的说法。这是你要学会的最重要的处理工作中问题的方法，“业力管理”的方法（正确的方法）。上面的图表看起来像是个简单明了的因果关系，该怎么解决这个问题是显而易见的。

解雇弗兰克。再没有抱怨，恢复团队精神，销售不再受到威胁。

问题在于，这仅仅是在“表象”的层面上解决问题。你一直都心存疑虑，怀疑这是否是问题的实质，因为在过去，你解雇了员工之后碰到过适得其反的情况，团队反而更不和谐。来看看原因：

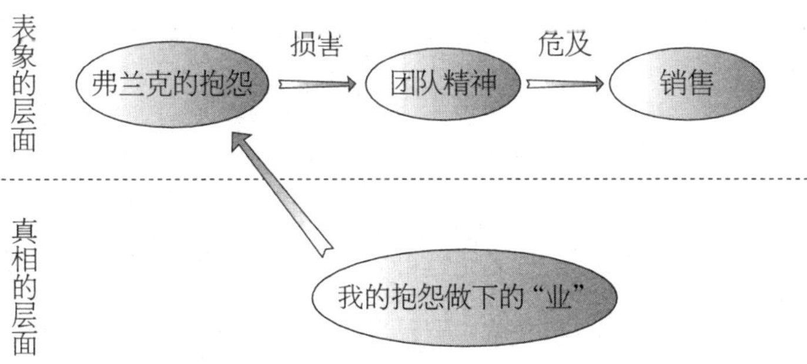

这是我们一直在说的道理。弗兰克的抱怨并非空穴来风：它由其“业因”造成，那就是我所发出的抱怨。我抱怨老板把我套牢在这个项目里，让我卖掉十万盒回形针，而且只给我——现在只剩下两个月的时间了。这看起来是不可能做到的，他为什么不给我分配几个干实事的员工呢？

好吧，去啊，去炒了弗兰克。但如果你不除掉让弗兰克从你的生活中冒出来的“业因”，两周以后，事情就会变成这样：

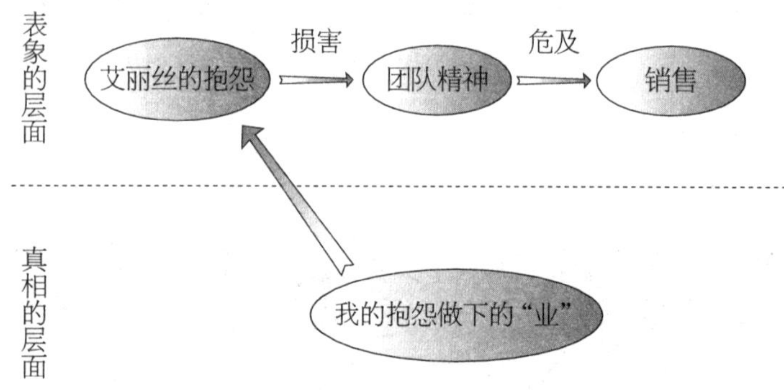

你猜对了。原来艾丽丝非常崇拜弗兰克，即便他一直抱怨她的极简主义广告。于是艾丽丝现在开始抱怨项目组里缺乏言论自由。

艾丽丝的抱怨也不是空穴来风。想想吧。在你还是个孩子的时候，是不是花上整个星期六的时间在梅阿姨家里拔杂草？两个星期后你是不是又得回到阿姨那里？因为你没有拔除草根，野草又发芽生长了，这些草长得比原来多了一些，而且看上去和上次的野草稍有不同。

那该怎么办呢？显而易见。除掉那个“业”，这样它就不会再发芽，不会再长出艾丽丝，甚至不会再长出弗兰克。也就是说，你不再需要解雇弗兰克了，因为他会突然变成你们团队的拉拉队员。这全都是因为你用一个关闭阀门切断了抱怨的“业”。

“断 业 阀”

现在，我们要稍稍解释一下“断业阀”这个东西。如果你能够领悟它的道理，那即使是你的第一个不太像样的“业力管理”项目也会获得巨大的成功。如果你没有领悟它的道理，那么——你就会遇到麻烦，因为那是必然的。

我们说过，即便是小小的念头和行为都会在潜意识中愈加恶化，并且在很久以后以巨大的形式显现出来。换言之，我们每个人都随身携带着一个巨大的“业”袋，里面装满了随机的种子——这些种子随时都可能爆发，在我们的项目组里制造出十二个爱抱怨的弗兰克。

你在一周前所做的事情、所说的话以及所想的念头，你真正能记得多少呢？更不用说几个月或是几年前的了。我们根本无法知道下一刻发芽的种子会是什么。

那就是说，只有当它来了，我们才能知道。一个抱怨的弗兰克从我们的团队里冒出来的那一刻——当你刚开始看到像弗兰克这样的问题出现的那一天——你必须迅速采取行动。因为此刻你知道某颗负面的种子正在成熟，如果不赶快把它切断，它很快就会毁了你的项目。

如何切断一颗“业种”呢？阀门在哪里呢？回溯到我们刚开始寻找事“业”伙伴的时候，我们听到了“业”的第一条定律：“无论你想从生活中得到什么，你必须首先帮助别人得到它。”这条定律中所暗含的道理是：“业”和它所引发的结果总是有相似的实质：如果你对别人做了件好事，那么回到你身上的只会是好事；反之亦然，坏事也是如此。

第一条定律的这一部分中有一个重要的启示：当问题出现的时候，我们通过推论来找出造成这个问题的必然行为，即便我们不曾记得做出过这样的行为。拿弗兰克这件事来说，这意味着我自己肯定曾经对某个人抱怨过，并因此扰乱了其他人的工作。所以要从“业”的角度来解决一个问题，第一步就是找到我们在过去做出的、造成了这个问题的大致的“业”的种类。

接下去的事情就很简单了：用阀门切断这个“业”，并且让弗兰克回来工作，连解雇他的念头都不要有。切断“业”的方法就是极其谨慎地不要再做同样的“业”。

那就是说，现在要消灭“业种”已经太晚了。一旦橡果长成了橡树，宇宙中没有任何力量能把它强行变回橡果，再让橡果消失。要停止弗兰克昨天的抱怨，或是消除引发那次抱怨的“业种”已经太晚了。

问题是你的朋友

但是这种抱怨有一个作用：它让我知道我的问题在哪里。既然你已经懂得通过事“业”伙伴来播种你的成功，那么仔细想一想的话，你会发现那些问题是你的项目在通向成功之路上唯一的阻碍。成功还是失败？——于是归结到了一点上，也是唯一的一点上：你是否能迅速找出问题的所在，并把它切断？

为你的问题感到高兴吧，专注于你的问题并拥抱它们。不要对问题视而不见，也不要刻意回避问题。问题是你的朋友，它们会帮你超越巅峰。

你已经找到了问题的根源：你过去肯定抱怨过。如果你从现在开始停止抱怨——如果你极其谨慎地再也不发出一句抱怨——这种行为具有一种称作“共鸣力”的东西。为了停止弗兰克的抱怨而停止自己的抱怨，很像是一个具有选择性的黑洞。你越努力地停止抱怨（尤其是对于弗兰克抱怨的抱怨），这个“业”的黑洞就会变得更大更强。这个黑洞会和你潜意识里曾经发出过的抱怨产生“共鸣”：它会吸引过去的抱怨所产生的业种，将他们吸收并切断。所以“业力管理”不仅能让你创造成功的未来，还能让你有针对性地锁定工作和生活中的问题，并把它们切断。

现在，你的生活中再也不会有弗兰克了。不过你还要注意一件非常非常重要的事情：我们不必对弗兰克本人采取任何行动，不必向他提起他的抱怨。否则我们就又陷入了老一套的“碰运气”游戏——找弗兰克谈话可能会有用，也可能会把事情变得更糟。正像某人曾经说过的：“从我做起”。

自 然 反 应：给 你 提 个 醒

这个小标题引出了我们的最后一个要点。作为人类，我们已经碰了五万年的运气了。今天，我们已经形成各种各样对于问题的“自然”反应。在我们举的例子中，对于团队中开始有人抱怨的自然反应就是开始抱怨他们不好。归根结底，这就是我们以暴制暴的原始动物本能。

现在你已经知道了“业力管理”，那么你应该可以清楚地看到这种反应有多么错误。让弗兰克继续抱怨并搞乱你的项目的最佳的（也是唯一的）方式，就是通过你自己抱怨弗兰克的不好，种下新的抱怨的种子。这叫做“业”的“反馈环”，它是制造全世界一切混乱的罪魁祸首。你在伤害我的项目,是因为我过去伤害了别人,种下了“业种”。

那现在怎么办——我是否应该因为你伤害我而再去伤害你呢?

愚蠢的问题！问了五万年的愚蠢问题！

真实的故事

迈克尔·郭尔登：

问题真的可以带着你飞越巅峰。当然，当问题正在发生时，要这样去看待它是有一点困难。在这个时候，你从冥想、瑜伽和清静的生活方式中所获得的清澈的意识就会对你很管用了。

1995年一个周五的晚上，我已经回到了在市郊的家里。突然，我接到了一个心急火燎的电话，是我们的一个经理打来的，他正在打烊，我们位于曼哈顿的大楼，他说那里起火了。我心想，好吧，肯定是有谁把烟头扔进了垃圾桶，我们往上面浇点水就好了；但我还是钻进了我的车，飞快地开了过去。

车开到了我们的地方，我马上跳了出去，从整整十二辆消防车之间钻了过去。他们说整幢大楼每个楼层都从里面烧着了。接着我开始想，好吧，会没事儿的，我们只需要做一些清理，然后就可以恢复工作了。但是消防队长走过来告诉我，光是修复建筑结构的损坏就需要六到九个月的时间。

这一刻，我的本能开始介入。我的脑子里立刻开始盘算这一切会给我们的员工带来的影响——那时我们有超过一百个员工：一百个人一夜间失业，一百个家庭一下子没了收入来源。我跑过去喊住了我们的业务经理和财务总监，和他们一起走到附近的旅馆，要了个房间，然后在那里通宵达旦，制订计划来帮助这些人。

周一早上八点，我们三个人站在被烧得只剩空壳子的大楼面前，拦住前来上班的满脸惊讶的员工们。我们在那里的人行道上，召开了一次声势浩大的公司会议。业务经理康妮已经把公司分成了三组，并且在附近租了三个地方让他们当天就能重新开始工作。

没有一个人失业。而且不到一个星期，我们就恢复成和过去一样，平均每天接待超过三百五十位客户。

这些都是回声，你看——新的回声——正被发送出去的回声。我们把火灾作为一次机会来提醒我们一定要把回声发送出去。我们照顾好了我们的员工，也照顾好了我们的客户。

当回声反射回来的时候，供应商和整个世界都开始帮助我们。我们发现电话公司察觉到了我们电话的问题，我们根本没问他们，他们就自觉地把电话转接到了我们的新办公地点。

现在我们有一整幢空楼可以按照我们一直所梦想的方式来进行彻底重塑。结果是令人欣喜的，九个月后当我们重新开放大楼时，人群蜂拥而至。

你的待办事项清单

你知道接下去该做什么了。你已经制定了详细、谨慎的计划，来帮助你周围的人获得成功。现在你要去你静坐的地方，拿出你已经用旧了的“业力管理”笔记本，写下三个眼前的或是未来可能发生的、会阻碍你们团队卖出十万个马桶塞子的问题。

写完以后就容易了——你只需要遵循“业”的第四条也就是最后一条定律：

“如果某件事情发生在你身上，

你不喜欢它，

那么停止对他人做这样的事情。”

——宗喀巴大师（公元 1357–1419 年）

这就是停止问题的三个步骤，无论是抱怨还是其他什么问题。

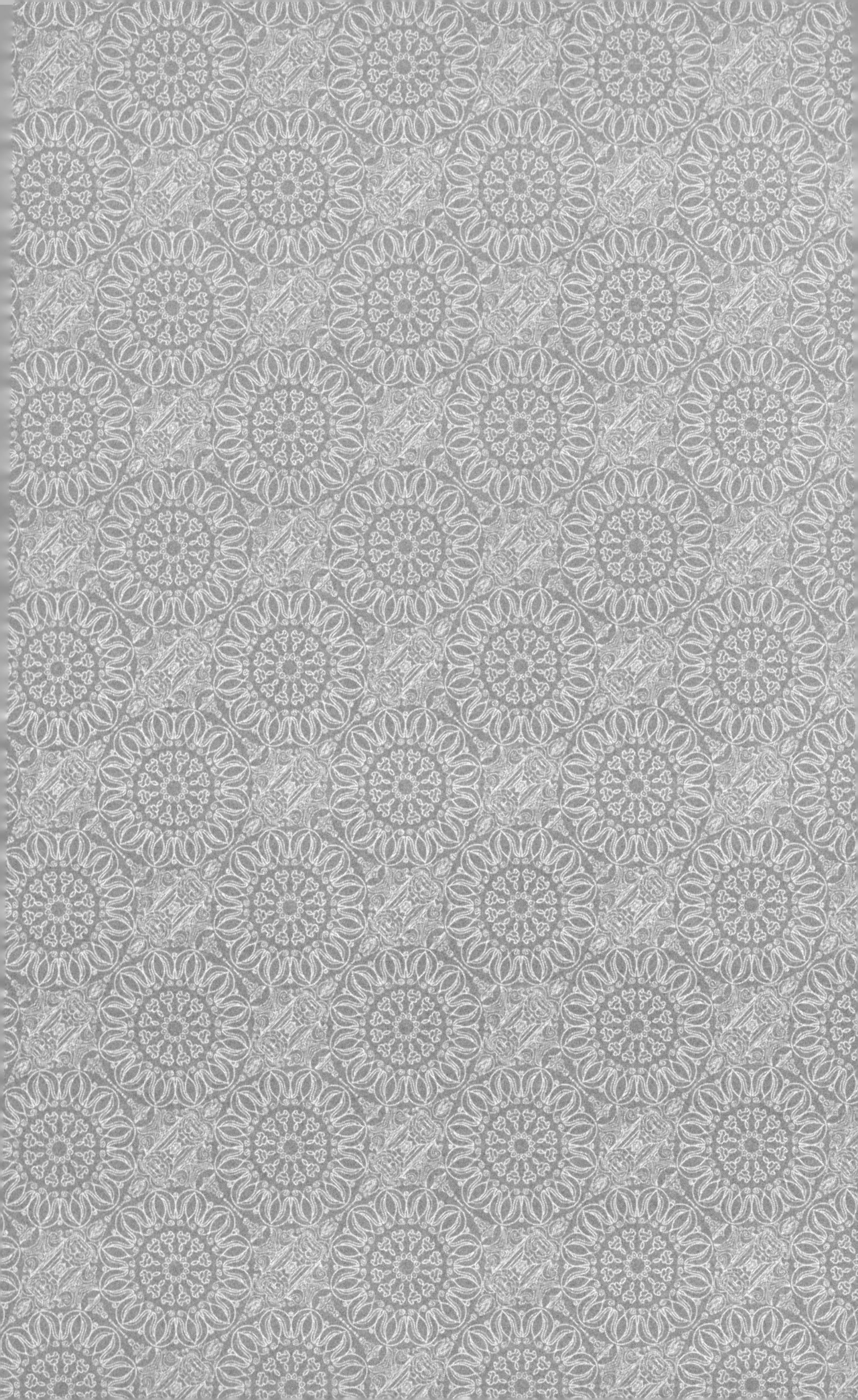

KM Rule #8

RE-INVEST THE KARMA

“业力管理”法则八

“业力”再投资

古·老·的·智·慧

"'业'被用尽即死。"

——世亲菩萨（印度，公元350年）

波涛下的水流

项目结束，你成功了。联邦快递的卡车刚载着第十万份比萨饼离去，驶向了东内华达州的一个保龄球馆。老板和你一起站在装卸货区，她转身递给你一张数额颇丰的奖金支票。尽管发生了弗兰克的风波，你还是提前三个星期完成了工作。项目总会结束——就像我们的生命也会结束一样。但是“业力管理”对此也有所解答。

由于五万年来所养成的恶习，我们已经学会去习惯于可能偶然发生的失败，我们也同样习惯了事情总是会结束的。事情总会结束——你只要尽力而为，而这通常意味着试图不去太多想最后的结局，甚至别去想成功的项目也会结束，也别去想你怎么用奖金去买更多最终一定会失去的东西。

大可不必如此。我们来看看一个企业的典型生命周期，然后你就可以把学到的东西运用在自己的工作中，运用在世间的生活中。下图是每一个成功的企业在一定时间内都会发生的变化。

可是推动波浪前进的能量是从何而来的呢？

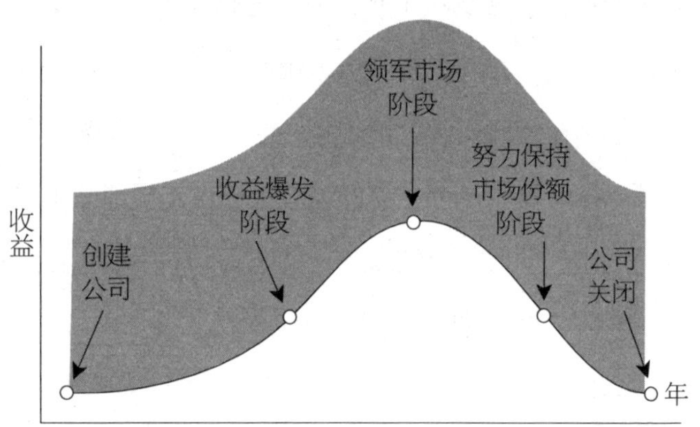

你现在应该知道答案了。这种力量隐藏在事件的背后，隐藏在终极的原因之中。“业”就像大海一样隐藏在海面的波涛之下，支持着企业从生到灭的每一个时刻。

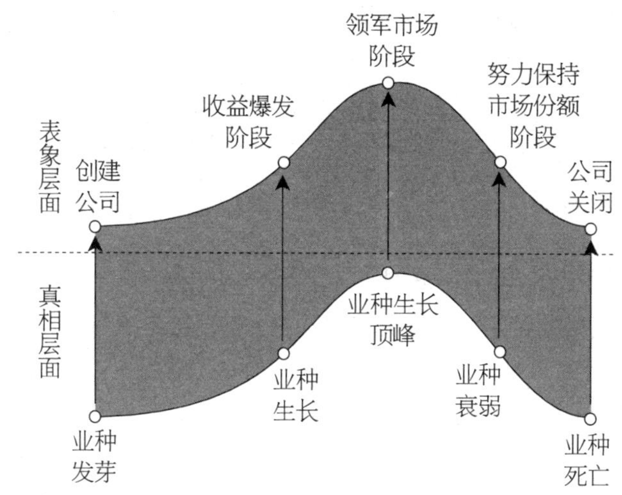

所以，和通常的认识相反，公司的生命曲线并不是从左到右发展的，那只是“表象”的层面。而且，和前文说的一样，如果我们摆脱不了这种表象——这种幻觉，那么——我们真的就死定了。但是这不会发生，因为我们现在已经完全掌握了隐藏在表象下面的真相：事实上，一切都是由下往上发展的。

那么我们如何使用这个知识来克服事物（表面上看起来）不可避免的终结呢？现在我们已经明白公司和我的项目——还有我的事业和我的生命——都在衰败，是因为支持它们的“业种”正在衰败。但是光意识到这点似乎没有什么实际的帮助。

你可以肯定这些种子就在我们工作和呼吸的每时每刻正在衰败。所有的种子都会在产出结果的过程中衰败。如果你站在那儿，手里捧着一个水果，这只可能是因为产出这个水果的种子为此而耗尽了自己，于是种子不复存在了。

留　种

这个时候“业力再投资”的理念就能来拯救我们了。在以前，当庄稼还是靠人力耕种的时候，无论情况多么糟糕，无论家人多么饥饿，农夫们都不能违背一个原则：那就是必须留出当年收成的10%，为明年的庄稼做种。没有人会蠢到把明年庄稼的种子给吃掉。

我们也必须这样做。好了，大项目结束了，十万份比萨饼卖光了，奖金支票也到手了。

但是你接下去要做的是最关键的一步：你得马上从你的收成里取出10%投资到你的下一个项目中。

你也很清楚该把种子种哪儿：种到你的事“业”伙伴那里。你去把奖金支票兑现，然后带着项目组里所有成员和他们的爱人，去一家上好的法国餐厅请他们吃饭。这种庆祝，这种感恩，在“业力管理”中是不可或缺的——因为你真正在做的，是庆祝这种使“业力管理”得以成功的理念：你使我获得了成功，这是因为你让我使你获得了成功，而现在我们（也就是这个“大我”）都因此获得了成功。这样的庆祝本身就是最强大的业种。所以，庆祝吧！

当你们在外庆祝的时候，你的老板就在家里阅读你为员工们写的表扬信。这封信里详细地罗列了每位员工在工作中所展现的特别才能：能够为公司今后的项目所用的才能——当然前提是给他们涨工资。你甚至还为他点出了两三个已经展现出领导潜能的员工，他们可以在公司的培养下代替你成为项目经理。（得了吧，别大惊小怪的。你很清楚让你升职的唯一方式就是为你的旧职位找到接替的人选——这就是“业力管理”！）

当然，你的番茄供应商和他的太太也刚收到了一个包裹，里面是一本价格不菲的精美画册，这是你用你的奖金为他们买的。画册里印满了迷人的有机西葫芦和刀豆的图片。里面还夹着一封信，向他们承诺你的公司将购买他们的番茄来制作额外的一千个比萨饼。哦，这些比萨饼就是你说服了管理层要捐赠给社会的——你们将把这些比萨饼捐给距公司两个街区的流浪人士收容所。

还有，在十万个购买比萨饼的顾客中，有一位会在比萨饼的盒子（如果他们没有在微波加热的时候把它烧坏的话）里发现一张小字条，字条里表达了你对他们的感谢，并附带了一张去墨西哥瓦亚塔港海湾度假村双人周末游的赠券。

“业”的反馈环

现在让我们来看看，如果你总是坚持把你的成功投资回你周围的人身上的话，那张令人沮丧的死亡图表会发生什么变化。

你会看到这是另一种“业的反馈环”，不过这次是个好的循环。你从第一次成功的收获中取出一笔可观的财富和你的事“业”伙伴们分享，以表庆祝，以示感激。于是，尽管制造出第一次成功的“业种”现在已经衰败（因为它们在制造成功的过程中耗尽了自己），但是后续者已经跟上：那些由庆祝产生的更强大的新种子取代了消耗殆尽的老种子。这样一来，一个循环向上的圈就产生了——这是一个你可以用到生活各个方面的理念：你的工作、健康、人际关系，以及你的生命本身。

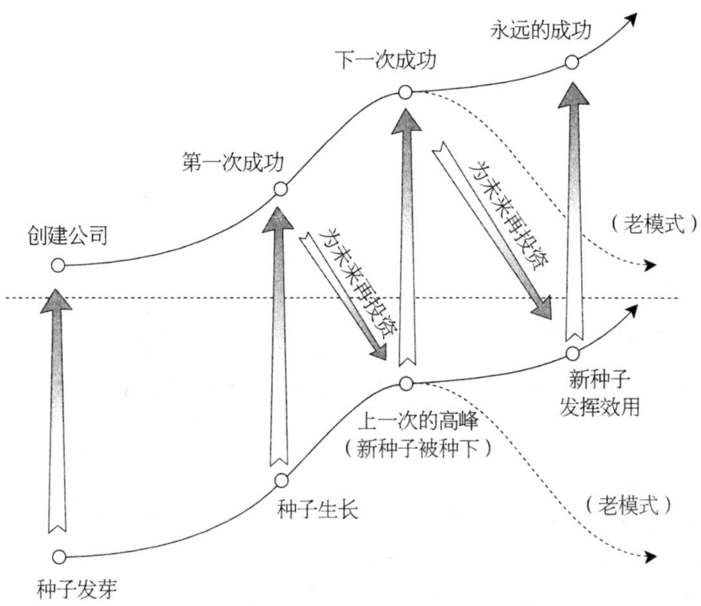

真实的故事

克丽丝蒂：

钻石山大学是从许多我们从事的其他事业中生长出来的。举例来说，我们致力于教难民学习使用电脑，然后付给他们报酬，让他们把他们民族重要的智慧经典输入电脑，让全世界分享。

当时，像这样的项目大多是由几位慷慨富有、支持我们事业的个人资助的。我们还指望着他们能在大学开张时为我们提供大学运营的资金。但随即股票市场的泡沫破裂，这些靠投资股市获得所有收入的赞助者们的资产大大缩水。于是突然间我们面对着一份百万美元的地产按揭，孤立无援。

我们董事会的一位主要成员，大卫·斯当浦博士（当时在亚利桑那大学任职），想出了一个叫做“每天一美元”的主意。那些富有的资助者们虽然已经没有额外的收入来捐赠给我们，但是仍然有数以百计的普通民众真心希望看到大学能够开张。所以我们发出邮件请求他们考虑每天向我们捐献一美元，直到我们还清贷款。

几个月内，我们获得的资助刚好够支付我们每月的还款。我们明白，这第一个成功来自于大学的免学费政策：尽管课程非常严格，而且不允许有任何的懈怠，但是没有一个学生需要支付任何学费。

但是苏珊·斯当浦对此还不满足。苏珊是大卫的另一半，她是一名助理，也是钻石山大学董事会成员。有一天，董事会的所有成员都收到一封苏珊发出的奇怪的电子邮件，邮件里说既然我们在大学里传授那么多“业力管理”的知识，我们就应该豁出去，大胆地运用这些理念。

苏珊提议找一些愿意以低于银行的利息来接手贷款债

权的人，但是利率还是会高于他们所做的其他投资的回报。这是一个双赢的提议，我们所有人都会立刻拍板同意。但是苏珊所提出的寻找这些人的方式却让我们十分担心。

事实上，她并没有建议我们去寻找那些人，她说我们应该去创造他们。她建议我们每月从“每天一美元”公益项目的收入中辟出可观的一部分，捐献给一个正从事着与我们相似的事业的团体。

两个问题马上出现了。首先，苏珊明确指出的那些作为捐赠对象的团体，正是我们在日益紧张的非营利赞助市场上的竞争对手。其次，把这么多钱捐出去，将意味着我们要冒无法按时还款的风险，并很有可能因此失去我们一直想要获得的土地。

好吧，这的确不太符合我们所有人的直觉，但是我们很快就领会了苏珊的意思。我们是否有勇气——我们是否有智慧——去看到唯一能够成功筹款的方法就是帮助他人筹措资金？于是整个董事会全票通过了这个提案。

接下去的几个月里，我们向被洪水破坏的新奥尔良的几个教育中心提供了资助，帮助他们修复场馆；加利福尼亚的两个闭关静修中心也惊喜地收到了我们的善款；第三世界某个处境艰难的年轻人夏令营也意外地收到了我们的捐款来信；其余的钱款，成为海啸的救灾基金。然后所有人就开始等待——不得不承认我们是心存焦虑的。

突然间，有两位我们之前不怎么认识的人站了出来——一位来自欧洲，另一位来自纽约——他们要全权接手我们贷款的全部债权。

“业力管理”奏效了，但是董事会没有因此而停止脚步。我们继续每月寄出支票。突然间一位匿名的捐助者买下了毗邻校园的600亩（40公顷）土地，并主动把它送给了学校。

一位我们素不相识的商人在我们的公文包里塞了张我们几个星期都没有发现的纸条，他愿意全额赞助一套可供我们拟建的50座学生公寓所使用的供水系统（现在已经建成）。其中三座公寓又突然得到了另一名商人的赞助。与此同时一位匿名的海外赞助者提议（并出资）建造一座可供钻石山大学的学生休闲娱乐，通宵自习的学生中心（这幢大楼现正处在建筑设计阶段）。

这样的事情接二连三地发生着，而学校的董事会依然在积极地进行再投资。我们找不到任何理由让这令人惊喜的成功停止下来。

你的待办事项清单

好了，“七点”的任务也快完成了。我们要进一步确保你有一个清醒的头脑，让你进一步看清隐藏在“放弃对于自己项目的关注才是成功之道”这个疯狂理念背后的微妙逻辑。

所以我们要确保你获得足够的休息和放松。不过你要明白，这和巧妙的饮食很像。你不用参加关于作息规律的讲座，也不用在有求于你的客户打爆了公司所有电话的时候还要信守坚持散步的承诺。大家都知道，这样的承诺最后总是不了了之。

不用这么做。我们只要观察现在的状况，接着这种观察就会带来变化。做到“七点”项目里的其他几点，通过瑜伽和冥想，你的部分意识已经变得清晰，这会让放松和休息水到渠成。

精神紧张使我们在需要休息的时候却放松不了，它是一种奇怪的东西。在项目进行得如火如荼的时候，人的肾上腺素会急剧分泌，而身体开始对这种高浓度肾上腺素带来的感觉上瘾。当你无法获得这种体验时，你开始下意识地寻找其他的刺激。于是你的大脑的某个部分开始对你撒谎，它告诉你需要再读十封电子邮件，因为如果你不忙碌，那你就是个失败者。

我们要说服自己，越来越忙和越来越成功不是一回事。如果你能学会在必要的时候头脑清醒地忙碌，并在必要的时候，停止忙碌，让自己去梦想和创造，这样一来你就会在“业力管理”中获得百试不怠的成功。

其实我们要学会的不是“如何休息与放松”。休息和放松会不请自来：只要我们能够彻底地减少在白天对于过度刺激的追求，我们就可以踏踏实实地睡好觉，然后容光焕发地醒来。

现在你要做的就是评估一下现状。每天在你的“业力管理”笔记本里记录以下的三条：

1. 今天我花了多少时间在电脑上？（要精确到几小时几分，而不是一个估算。你可以下载一个免费软件来计算你上机的时间。）我是不是每使用一个半小时电脑就会休息一下。

2. 今天我读了、听了、看了多少新闻（电视、报纸、收音机、杂志、网页）？同样的，要精确到分钟。

3. 我今天花了多少时间打电话？其中真正必要的通话占了多少？

前面已经说过了，每天睡觉前的半个小时，是反省生活的最佳时间。不要吝惜这段时间，只有这样你才能拥有一个十足好用、敏捷而又清晰的意识。通过观察你的意识每天受到多少外界刺激，慢慢养成晚上睡个好觉的习惯，接着再来看看这给你在“业力管理”上带来的进展。然后，你就可以扔掉所有的安眠药了，反正它们从来也没让你精神焕发过。

DON'T STOP HERE

莫止步

随着“业力管理”继续进步

恭喜你。一个小时（或是你读到现在所用的时间）过去了，你已经把“业力管理”的八条法则都装进了脑袋里。你已经准备好把我们带入一个全新的时代：即将以一个良好的开端开始下一个五万年。你的知识已经足以让你在想要完成的所有项目和任务中获得百分之百的成功。

说到底，“业力管理”就像你的新手机。你肯定已经弄明白了该怎么用它来给你的朋友打电话，说不定你已经连每个人的号码都存好了，并且学会了如何快速查找这些号码。

但是你知道你的手机还有将近五十种其他的功能，这些功能时不时会派上不小的用场。问题在于你是否能下决心学会这些附加功能，还是就满足于基本的通话功能。

“业力管理”也是如此。我们真心地鼓励你不要止步于此，而是继续探索各种各样运用这些知识的方法——一切使自己能更深入更有效地运用“业力管理”知识的方法。为此，我们将向你提供一些选择，让你把自己变成一个真正的“业力管理”专家。不为别的，只为了使你越来越成功。以下就是八条进一步学习的建议。

1. 去买下那本开始了这一切的书：《当和尚遇到钻石：破译一位佛学博士如何叱咤商界的密码》。

阅读它，运用它。这本书发行十周年庆的特别加长版刚开始在全球各地发行。在新版中，有一个特别单元，专门讲述那些把书中的智慧运用在工作和生活中的人们因此而取得成功的真实故事。这些总值数十亿美元的成就，来自世界各个角落，来自各行各业的人们：从银行出纳到铁路大亨。

书中还一一分析了这些案例，详细地揭示出“业力管理”的法则是如何让成功成为现实的，让你深入了解该如何把这些成功的经验运用到你自己的事业中。

2. 留意《业力管理》的后续系列。

我们还会出版三本实用的小书，传授如何把“业力管理”运用在三种特定的目标上：创建自己的事业或是开展大型项目；成功管理处于成长期的企业；然后把你的事业和生活转化成一个不断上升的螺旋，使世界广为受益。

3. 加入《当和尚遇到钻石》的书友会。

《当和尚遇到钻石》出版之后，世界各地的人们开始运用它，然后书友会就开始四处涌现——从中国香港到美国纽约的布鲁克林区。这种百试百灵的全新经营方法让许多人兴奋不已，他们希望与志同道合的人见面交流。

为此，我们建立了一个网站，让你得以和同一地区的书友取得联系。可以是偶尔出来共进晚餐，交流学习“业力管理”的心得体会。或是自发地成立一个小组，定期进行聚会。想怎么组织都可以，都非常有意思。

你也可以通过我们的网站，加入“业力管理”的网络聊天室。

4. 联系“业力管理”咨询服务站（KM Help Desk），免费获取如何把“业力管理”运用在你的项目或是工作中的建议。

我们有一批“业力管理顾问”（KM Associates），他们整周无休，免费提供咨询。如果你不知道如何让“业力管理”在你的特定处境中产生效用，只需写下你的疑问和所需的建议，并通过电子邮件寄给我们。

你会渐渐地和“业力管理”的在线团队建立起联系，积累用“业力管理”经营生活的信心。到了一定的时候，你就可以参加“业力管理”提供的面授培训课程了。以下就是培训的几种形式。

5. 参加“业力管理”的入门讲座。

“业力管理”的顾问们会在世界各地巡回举办“业力

管理”八条法则的免费入门讲座，向人们亲口讲述“业力管理”的知识，为他们带去只有面对面才能体会到的亲身感触和启发。登录我们的网站，查询你所在地区未来的讲座信息，或在线收听此类讲座的试听录音。

6. 参加一次为期两天的“业力管理”研讨会。

“业力管理”也会在全世界范围内组织为期两天的研讨会。通常在周五晚上的入门讲座之后，周六周日就会举办研讨会。研讨会规模不大，因此你将有机会与“业力管理”顾问一起深入探讨“业力管理”；这是一次很好的机会，可以更详细地就你的项目，生意或是事业提出问题，并且获得当面的解答。这种方式比线上求助更有效、更深刻。

7. 参加一次完整的“业力管理”培训课程。

当你在比较小的任务和项目中尝试过运用“业力管理”后，就可以更上一层楼，参加一些正规培训了。“业力管理”提供十二种涵盖了各行各业的课程供你选择：挑一个试试，然后你就会欲罢不能地把它们全都上完。

参加“业力管理”的培训课程有三种选择。最理想的选择是参加“业力管理”的面授课程，由“业力管理”顾问在各个主要城市常驻授课，可以为你提供持续的帮助。面授课程通常为期一个月，每周两晚有课，结业后颁发“业力管理”课程证书。想要给员工提供“业力管理”内部培训的企业，我们可以为其在工作时间和工作场所安排授课。请登录网站咨询相关信息。

第二种选择是参加“业力管理”的延伸课程，这类课程通常在小城镇里开展，由一位客座“业力管理”顾问前往当地授课。“业力管理”的延伸课程通常会安排在一周头尾的两个周末，周一到周五期间也会有一两天晚上的课程。延伸课程和面授课程使用相同的教材，但是授课周期更短，因此你必须保证在那段时间里全身心投入到课程中。“业力管理”的延伸课程也对企业提供上门面授的服务。

第三种选择是参加“业力管理”的在线课程。这些课程是“现场直播”的，上课时你跟随一个“业力管理”顾问进行在线教学，同一个小组的同学可能远在爱沙尼亚或哥斯达黎加。你也可以下载资料，然后按自己的进度单独学习，并通过电子邮件向辅导你的“业力管理”顾问提交作业。在一些极个别的情况下（举例来说，我们在很多监狱传授过“业力管理”的课程），你可以与我们约定，通过书信来完成课业。只要联系我们就行。

8. 成为一名“业力管理”教师。

如果你为人父母，那你就一定知道学会你的新手机上所有功能的最好方法。你的女儿跑来要你教她怎么使用你刚给她买的新手机上的那些功能。你当然会说：“没问题，宝贝，明天晚上我有时间教你。”然后，你就通宵达旦终于把手机使用手册给研读完了。

“业力管理”也是一样。“你就是我”这个事实在某些层面上和另一个事实是紧密联系在一起的：唯一真正完全学会一样东西的方法，就是教会他人。没有什么比教会他人如何获得成功，并看着他们付诸实践更令人满足的了。因此我们真心鼓励你向他人传授“业力管理”的知识。

你可以和朋友或是同事一对一地在附近的咖啡馆边喝咖啡（现在你是不是改喝热巧克力了？或是花茶？）边聊。新版《当和尚遇到钻石》的末尾处记载的成功故事中有很多都是这样发生的。我们衷心希望你能成功，这就是我们的使命。因此，我们要和你分享一个秘密：在“业力管理”上获得成功的最快方式，就是和另一个人坐下来分享“业力管理”。

如果你愿意，你可以踏出最后的一大步，力争“业力管理”顾问的资质。你需要完成全部十二套“业力管理”的培训课程，并通过最终的考核。之后，你就能够以认证“业力管理”顾问的身份，传授“业力管理”的所有课程了。

你的待办事项清单

哈，你以为我们没发现你还没有完成“七点”中的最后一个任务？你还没交够功课！

我们就按照从古老的智慧里传承下来的老规矩来办。下周你要牢记“业力管理”的八条法则。这样一来这些知识就被存在了你的脑子里，一旦需要，全天候随时取用——没有比这更有效的了。

在接下去的四周中，你还要每天一次地翻开这本书。任何时间都可以，比如在你坐下吃午饭的时候。每次只要读上一页，在脑子里巩固这八条法则，使它们常保新鲜。

祝你好运。这将是一个伟大的五万年——走着瞧吧。

SUCCESS，CERTAIN

感 恩

我们想借此机会向一些好朋友表示感谢，是他们的努力让这本书成为现实。双日出版社的编辑——特雷西·墨菲（Trace Murphy）——在我们出版第一本生意经——《当和尚遇到钻石》的时候，给了我们完全的信任，而这本书现在已经被全球数百万人加以运用了；这本续篇，也要大大感谢他的鼓励。乔恩·谢尔（Jon Sheer）给了我们很大的关照，他用耐心的善意，指引我们完成了合同和商业运作的部分。希瑟·戈登（Heather Gordon）细心地校对了终稿，还给了许多好建议；当然还要感谢负责进行第二次全书校对的凯瑟琳·瑟莱什（Catherine Thrasher）。此后，丽贝卡·维纳科（Rebecca Vinacour）和格兰特·伯恩斯（Grant Burns）在最终审阅的时候，又加上他们严密谨慎的专业意见。同时不可征服的罗伯·洛伊辛格（Rob Ruisinger）再一次在书的排版上展现了他的魔力，尤其是那些不好对付的插图。史蒂夫·西尔特（Steve Hiett）帮我们设计了封面，而罗宾·塞德曼（Robin Saidman）贡献了照片。穆罕默德·萨拉姆（Muhammad Salam）和罗伯·侯（Rob Hou）很用心地开发了面向全球的在线课程和视频。

借《业力管理》中文版出版之际，我们还要感谢田多多、夏理扬等诸位老师为本书的翻译、校对所做的努力。感谢 Rob Hou 在此书从翻译到出版的全过程中从头至尾所付出的努力与帮忙。还要感谢广大读者对此书的厚爱。谢谢你们!

图书在版编目（CIP）数据

业力管理：善用业力原则　创造富足人生 /（美）麦克·罗奇格西，（美）克丽丝蒂·麦克奈丽，（美） 迈克尔·郭尔登著；田多多等译．-- 北京：华文出版社，2017.8

ISBN 978-7-5075-4748-1

Ⅰ．①业… Ⅱ．①麦… ②克… ③迈… ④田… Ⅲ．①商业经营—通俗读物 Ⅳ．① F715-49

中国版本图书馆 CIP 数据核字（2017）第 199274 号

业力管理：善用业力原则　创造富足人生

作　　者：（美）麦克·罗奇格西　克丽丝蒂·麦克奈丽　迈克尔·郭尔登
译　　者：田多多 等译
策 划 人：周晓斌
责任编辑：杨　宁
出版发行：华文出版社
社　　址：北京市西城区广安门外大街 305 号 8 区 2 号楼
邮政编码：100055
投稿信箱：kaiyu118@163.com
电　　话：总编室 010-58336239　责任编辑：010-58336258
发行部 010-58336270
经　　销：新华书店
印　　刷：大厂回族自治县彩虹印刷有限公司
开　　本：880 × 1230　32 开
印　　张：12
字　　数：100 千字
版　　次：2018 年 1 月第 1 版
印　　次：2018 年 9 月第 2 次
标准书号：ISBN 978-7-5075-4748-1
定　　价：36.00 元

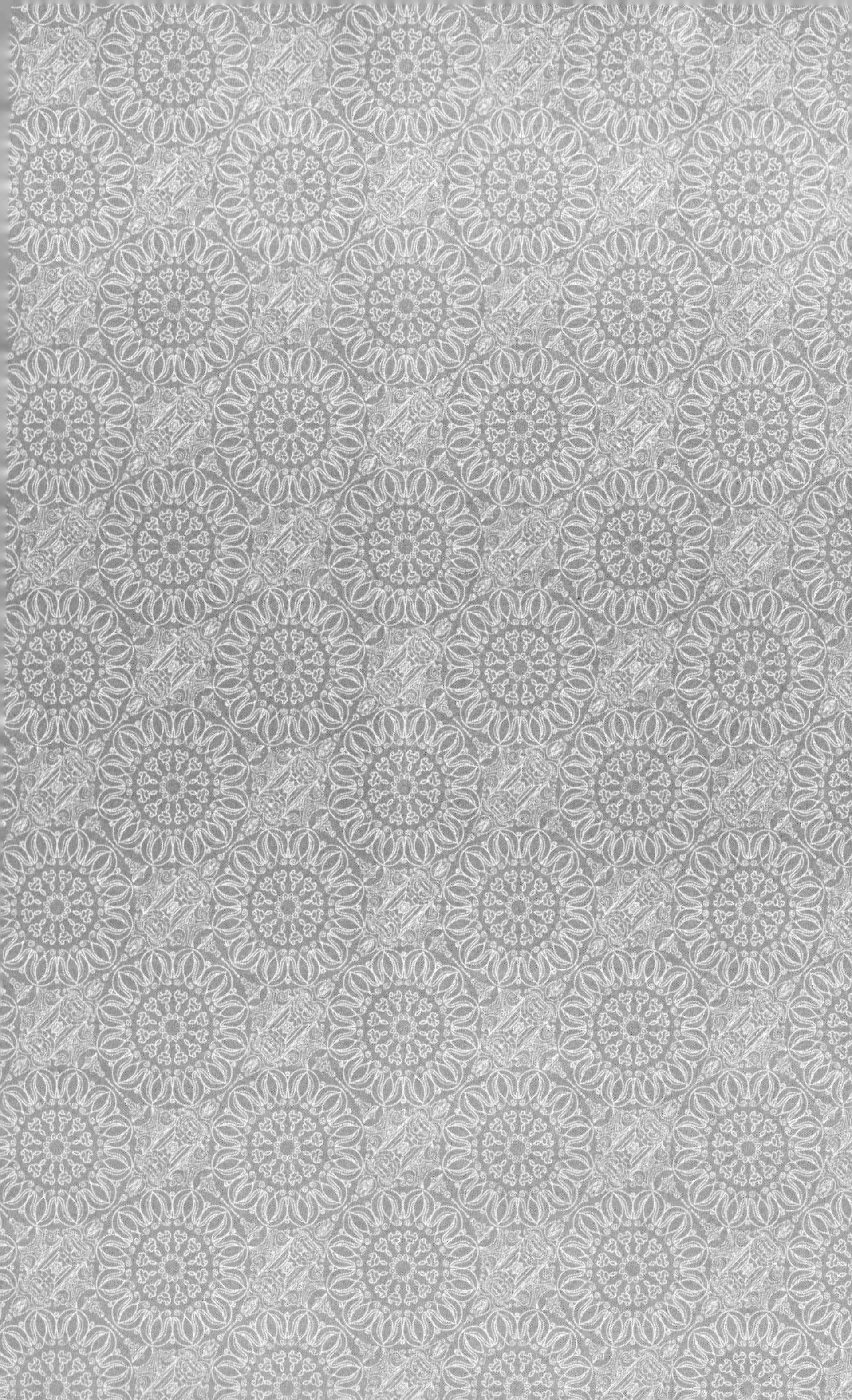